V. 2504.
18. B.

ÉLÉMENS DE STEREOTOMIE,

A L'USAGE

DE L'ARCHITECTURE,

POUR

LA COUPE DES PIERRES.

PAR M. FREZIER, Lieutenant Colonel, Chevalier de l'Ordre Royal & Militaire de Saint Louis, Directeur des Fortifications de Bretagne.

TOME SECOND.

A PARIS,
Chez CH. ANT. JOMBERT, Imprimeur-Libraire du Roi pour l'Artillerie & le Génie, quai des Augustins, à l'Image Notre-Dame.

―――――――――――

M. D. CC. LX.
AVEC APPROBATION ET PRIVILEGE DU ROI.

ERRATA du second Tome.

Page 7, ligne 10, O6, lisez, e6.
Page 26, lig. 5, DHEG, lis. DHFG.
Page 33, lig. 25, lhq, lis. fhq.
Page 41, lig. 9, à surprendre. Voyez la Pl. X.
Page 48, lig. 26, arrêtes, lis. arêtes.
Page 55, lig. 17, idem, lis. arêtes.
Page 70, lig. 9, BH, lis. BV.
Page 72, lig. 22, AC, lis. AE.
Page 88, ligne antépénultieme BD, lis. Bd.
Page 100, lig. 4, PH, lis. CH.
Page 109, lig. 23, profil hb, lis. de profil hbP, de coupe, &c.
Page 117, lig. 7, PCa, lis. PCA.
Ibid. lig. 26, SI, lis. Sb.
Page 171, ligne derniere, adoptée, lis. adaptée.
Page 197, lig. 19, cercle, lis. cerche.
Page 213, lig. 5, & zimutaux, lis. Azimutaux.
Page 244, ligne derniere, d'interjection, lis. d'intersection.
Page 253, ligne derniere, comme en A, lis. commun en A.

OMISSIONS & fautes d'indication des Figures à ajouter à la marge avant que de lire.

Page 6, ligne 18, figure 125.
Page 7, lig. 11, fig. 126.
Page 9, lig. 4, fig. 124 & 125.
Page 14, lig. 24, fig. 130.
Page 15, lig. 4, fig. 131.
Page 26, lig. 5, fig. 134.

Page 41, lig. 9, fig. 137, Pl. X.
Ibid. lig. 27, fig. 138.
Page 45, lig. 17, fig. 139.
Page 72, lig. 13, fig. 144.
Page 92, antépénultieme, fig. 150.
Page 104, lig. 1, fig. 154.
Page 108, lig. 12, fig. 155.
Page 111, lig. 3, fig. 156.
Page 123, lig. 21, fig. 162.
Page 124, lig. 14, fig. 164.
Page 125, lig. 23, fig. 165.
Page 127, lig. 2, fig. 166.
Ibid. lig. 12, fig. 167.
Pag. 139, lig. 14, fig. 174.
Page 141, lig. 23, fig. 171.
Page 157, lig. 21, fig. 160 & 183.
Page 169, lig. 10, fig. 184.
Ibid. effacez figure Z.
Page 172, ligne pénultieme, fig. 185.
Page 173, lig. 26, fig. Z.
Page 176, lig. 12, fig. W.
Page 181, lig. 23, fig. 190.
Page 209, lig. 13, fig. 203.
Page 213, lig. 11, fig. 205.
Page 214, lig. 24, fig. 207.
Page 253, lig. 9, fig. 220.

TABLE
DES CHAPITRES,

Et des principaux sujets contenus dans ce volume.

PART. V, LIV. II. *Où l'on traite de la description des sections à double courbure, qui ne peuvent être décrites sur des surfaces planes, mais seulement sur les concaves ou convexes des corps qui se pénetrent mutuellement, de l'intersection desquels elles sont originaires.* Page 1

CHAP. I. *Des intersections des corps qui se pénetrent de toute leur épaisseur.* Ibid.

PROBL. I. *Tracer un cycloimbre sur deux cylindres inégaux, dont les axes se croisent & se coupent à angles droits.* 5

Usage de ce problême. 9

PROBL. II. *Tracer une ellipsimbre sur les surfaces concaves ou convexes de deux cylindres, dont les axes se coupent obliquement.* 10

Usage de ce problême. 14

PROBL. III. *Tracer une ellipsimbre formée par l'intersection des surfaces de deux cy-*

a ij

lindres qui se pénetrent mutuellement en se croisant, sans que leurs axes se rencontrent. Ibid.

Usage de ce problême. 18

PROBL. IV. Tracer sur une surface concave ou convexe une ellipsimbre formée par l'intersection des surfaces d'une sphere & d'un cylindre, dont l'axe ne passe pas par le centre de la sphere. 19

Usage de ce problême. 23

PROBL. V. La position d'un cylindre dans un cône qu'il pénetre étant donnée, décrire sur leurs surfaces concaves ou convexes l'ellipsimbre formée par la rencontre de ces surfaces. 24

CHAP. II. Des sections des corps ronds qui ne se pénetrent pas de toute leur épaisseur. 31

PROBL. I. Décrire sur une surface concave ou convexe l'ellipsimbre composée, qui résulte de l'intersection de deux cylindres qui se croisent, dont l'un ne pénetre l'autre que d'une partie du contour de sa surface. Ibid.

LIV. III, PART. I. De la représentation d'un corps solide sur une surface plane, & des différens moyens qu'on a imaginés pour le faire. 36

CHAP. I. De la projection horizontale, (en terme de l'Art) du plan. 40

DES CHAPITRES, &c.

Observations sur les différences respectives des ceintres. 45
De l'arc droit. 47
Usage de l'arc droit. 48
Regles du dessein de l'épure, concernant le plan ou la projection horizontale. 49

REGLE I. *Dans les voûtes où le ceintre de face & l'arc droit sont inégaux, il faut commencer par se déterminer au choix de celui des deux auquel on doit avoir plus d'attention pour en faire le ceintre primitif.* Ibid.

REGLE II. *Diviser le ceintre primitif en autant de parties égales, au moins de part & d'autre du milieu qu'on voudra avoir de rangs de voussoirs, & régulièrement en nombre impair.* 51

REGLE III. *Diviser les arcs extérieurs & intérieurs du ceintre primitif qui comprennent l'épaisseur de la voûte en parties proportionnelles par des perpendiculaires à ces arcs aux points de leurs divisions, pour régler l'inclinaison des joints de tête, & par conséquent les lits des voussoirs dont ils terminent les surfaces.* 52

REGLE IV. *Abaisser des perpendiculaires de chacun des points de divisions de l'arc extérieur & de l'intérieur sur le diametre commun prolongé, s'il le faut, pour en avoir la projection sur une ligne droite.* 57

TABLE

REGLE V. *Mener par les points de projection des divisions des ceintres, des lignes parallèles à la direction de la voûte.* 59

PROBL. I. *Par un point donné auprès de deux lignes convergentes, en tirer une troisieme, qui tendent au sommet de l'angle qu'elles formeroient si elles étoient prolongées jusqu'au point de leurs concours.* 61

COROLL. I. *Où l'on fait voir que les surfaces des lits sont des surfaces planes dans les berceaux cylindriques.* 63

COROLL. II. *Où l'on fait voir dans quel cas les lits sont des surfaces gauches.* 64

CHAP. II. De la projection sur un plan vertical, (en terme de l'Art) du profil & de l'élévation. 65

REGLE I. *De la projection verticale d'élévation ou profil.* 68

Corollaire & usage sur les relations nécessaires du profil avec le plan. 70

REGLE II: *De l'élévation.* 73

SECT. I. *Des profils des berceaux à double obliquité horizontale & verticale.* 78

PROBL. I. *Réduire toutes les différentes obliquités des berceaux rassemblés en une, où l'on puisse trouver les mesures que l'on cherche par le profil, c'est-à-dire le biais, talud & descente en un seul biais.* 80

COROLL. *Où l'on fait voir qu'étant trouvé l'angle de plus grande obliquité, on peut* faire le profil d'un berceau affecté de deux & même de trois obliquités, comme de biais, de talud, & de descente, aussi facilement que s'il n'en avoit qu'une. 87

COROLL. II, III, IV & V. Où l'on fait voir ce qui arriveroit aux angles des têtes des lits des voussoirs, si le diametre de la face du berceau étoit vertical ou incliné à l'horizon au lieu d'être horizontal. 90, 91, 92

Différentes dénominations des voûtes cylindriques. 93

SECT. II. Des profils des voûtes coniques. 94

PROBL. I. Faire le profil des divisions d'un cône scalene (ou en terme de l'Art) d'une trompe biaise ou en talud, ou qui fait l'un & l'autre. 95

Réduire les doubles & même les triples obliquités d'une voûte conique en une seule pour en faire les profils avec plus de facilité. 99

Remarque sur les profils des épures. 103

Problême de pratique. Tracer sur un plan un contour semblable & égal à celui d'un corps saillant de figure quelconque, supposé coupé par ce plan de description, (en terme de l'Art) lever un profil d'un ouvrage existant en saillie. Ibid.

Usage de ce problême. 105

PART. II du CH. II. De l'élévation. Ibid.

TABLE

De l'élévation en coupe & profil. 106

Des moyens de représenter, par toutes sortes de descriptions, les corps de figures irrégulieres. 107

Chap. II. *De la supposition des surfaces planes, appliquées sur les surfaces courbes, pour parvenir à imiter exactement leur concavité ou convexité,* (en terme de l'Art) *pour les voûtes des doëles plates.* 112

Chap. III. *De la supposition des surfaces cylindriques ou coniques de base quelconque pour parvenir à la formation d'autres surfaces courbes, terminées par des lignes angulaires à double courbure,* (en terme de l'Art) *des arêtes gauches, courbes en tout sens.* 116

Chap. IV. *De l'épipédographie,* (en terme de l'Art) *du développement.* 120

Sect. I. *Du développement des corps compris par des surfaces planes.* 122

Probl. *Faire le développement d'une pyramide ou d'un cône scalene, & en déterminer la plus grande obliquité.* 124

Part. I. *Du problême.* Ibid.

Part. II. *Du problême.* 130

Sect. II. *Du développement des prismes.* 138

Coroll. *Où l'on fait voir que ce dernier problême conduit au développement des cylindres.* 141

Usage du corollaire. 144

PROBL. *Faire le développement d'un cylindre creux, composé de la surface concave & convexe, rassemblée sur un même plan de description* (en terme de l'Art, relativement aux voûtes) *faire le développement de doële & d'extrados d'un berceau, rassemblés dans une même épure, & des surfaces planes des joints de lits, étendues chacune dans leur place.* 146

Remarque sur la courbe ondée du développement de l'arc de face d'un berceau oblique. 154

SECT. III. *Du développement des poliëdres pour suppléer à celui de la sphere & des sphéroïdes.* 155

SECT. IV. *Du développement des hélices.* 159

COROLL. *Où l'on fait voir qu'entre deux points donnés sur un cylindre on peut faire passer une infinité d'hélices.* 162

Usage de ce dernier développement. 165

PART. II. LIV. III. *Où l'on fait l'application des principes de projections horizontales & verticales, & de développement à la pratique des traits de la coupe des pierres.* Ibid.

Problême général pour les voûtes cylindriques & coniques. Ibid.

EX. I. *D'un berceau horizontal droit sur sa face.* 168

TABLE

Ex. II. *Pour une voûte conique droite, complette ou tronquée.* 169

Ex. III. *Pour les voûtes biaises cylindriques.* 172

Ex. IV. *Pour les voûtes coniques scalenes, telle est à double obliquité une descente biaise ébrasée en canoniere.* 178

Autre problême général pour la formation des panneaux des voussoirs de toutes sortes de voûtes, réduits en surfaces planes. 186

Ex. I. *Pour la formation des lits & doëles plates d'un berceau droit ou biais.* 189

Ex. II. *Pour un berceau de double obliquité, biais & talud.* 194

Ex. III. *Pour un berceau biais & en descente.* 197

Ex. IV. *Pour un demi-cône scalene tronqué, qui est le modele d'une voûte ébrasée en descente.* 204

Ex. V. *Pour les voûtes sphériques, réduites en poliëdres par des doëles plates.* 211

Part. III, Liv. III. *Où l'on traite de la Gomographie ou description des angles, (en terme de l'Art) des moyens de trouver les biveaux nécessaires pour assembler les panneaux.* 217

Probl. *Trois plans qui doivent former un angle solide étant donnés, trouver les angles rectilignes que forment entr'eux leurs inclinaisons mutuelles, (ou en terme de* de l'Art pour l'appareil) *trouver les biveaux des assemblages de trois panneaux donnés.* 219

Autre maniere de résoudre le même probléme, en réduisant les corps en pyramides triangulaires. 224

Premiere application de ce systême aux voûtes sphériques & sphéroïdes. 225

Deuxieme application du même principe aux voussoirs des voûtes coniques. 228

PROBL. II. *Etant donnés deux angles rectilignes de plans perpendiculaires entr'eux, qui ont un sommet & un côté commun, trouver l'angle de deux autres plans inclinés entr'eux, & appuyés sur les autres côtés des deux premiers plans.* 235

COROLL. *Où l'on donne la maniere de trouver l'angle d'un plan incliné avec un vertical, dont on a la projection sur un côté de l'angle horizontal, & la plus grande hauteur de l'incliné.* 237

De la situation des angles des plans à l'égard de l'horizon. Ibid.

Remarque sur l'usage de ce probléme. 239

Application de ce même probléme à la pratique des traits pour trouver les biveaux des surfaces planes des voussoirs en toutes sortes de cas. 240

PROBL. III. *Trouver les biveaux de toutes sortes de voûtes, sans former le ceintre de* l'arc droit. Premiérement pour les voûtes en berceau de niveau, où l'on demande les biveaux des lits avec les doëles. 241

Ex. II. *Pour les berceaux droits sur la direction & en descente ou montée.* 242

Ex. III. *Pour les voûtes coniques réduites en pyramides par des doëles plates.* 244

Ex. IV. *Pour les voûtes sphériques & sphéroïdes.* 247

Ex. V. *Pour trouver les angles que font entr'elles les doëles plates des berceaux de différentes directions qui se pénetrent.* 249

Ex. VI. *Pour trouver les biveaux des angles d'enfourchement de deux berceaux de différentes inclinaisons à l'égard de l'horizon, comme un de niveau & l'autre en descente.* 254

Fin de la Table de ce volume.

ÉLÉMENS DE STEREOTOMIE
A L'USAGE DE L'ARCHITECTURE
POUR LA COUPE DES PIERRES.

PREMIERE PARTIE.

De la description des Sections à double courbure, qui ne peuvent être décrites sur des surfaces planes, mais seulement sur les concaves ou convexes des corps qui se pénetrent mutuellement, de l'intersection desquels elles sont originaires.

ON a vu ci-devant que, pour déterminer les courbures des sections planes, il falloit connoître le rapport des abscisses & des ordonnées des axes, ou de quelques diametres; ce qu'on peut comparer aux di-

Tome II. A

mensions de longueur & largeur : mais ces deux dimensions ne suffisent pas pour déterminer les points du contour d'une ligne à double courbure, il en faut une troisieme, qu'on peut comparer à la profondeur, comme dans les solides ; c'est pourquoi nous les appellons quelquefois des *sections solides*, pour les distinguer des planes.

Nous leurs assignons aussi deux axes, un droit & un courbe, comme la corde & l'arc ; les co-ordonnées au premier nous donnent les longueurs & largeurs ; & la courbure du second, en s'éloignant de l'axe droit, nous détermine la hauteur au dessus ou la profondeur au dessous, qui augmente ou diminue, suivant la différence des ordonnées de l'axe droit au courbe.

Mais comme cette troisieme dimension est hors du premier plan des longueurs & largeurs d'une section plane, elle ne peut y être représentée que comme une ligne en l'air, par le moyen de la projection, qui en raccourcit la mesure : on est obligé de la chercher par la supposition d'une nouvelle section plane, parallele à la premiere, & dont l'intervalle est connu par une épaisseur de tranche donnée à volonté, laquelle comprendra une plus grande ou plus petite partie de la courbure que l'on cherche, selon que le corps rond est coupé perpendiculairement ou obliquement ; ce moyen étant le plus simple & le plus commode, nous croyons pouvoir en faire une *maxime générale de pratique.*

Pour trouver les hauteurs ou profondeurs des courbes à double courbure, formées par les interfections des corps ronds, il n'est point de moyen plus commode que celui de les divifer par tranches planes, & parallèles entr'elles, d'une épaiffeur donnée à volonté, fuivant le plus ou moins de précifion que l'on fe propofe, & la multiplicité des points que l'on cherche de ces courbes; étant évident que plus ces tranches feront minces, plus on aura de points près à près.

Sur quoi il faut obferver que ces tranches pouvant être dirigées en différentes pofitions, à l'égard des centres, des axes ou des côtés des corps ronds, il en réfulte des interfections de furfaces d'un contour plus ou moins facile à tracer. Je m'explique par un exemple : Si un cylindre & une fphere fe pénétrent, on peut couper ces deux corps inégaux par tranches, fituées de trois manieres, ou perpendiculairement à l'axe du cylindre, ou parallelement ou obliquement à cet axe.

Si l'on coupe ces deux corps inégaux par tranches perpendiculaires à l'axe du cylin-

A ij

dre, elles produiront des cercles d'une grandeur conſtante dans le cylindre, & variée dans la ſphere, en ce que ceux qui approcheront le plus du centre ſeront les plus grands, & au contraire plus petits, à meſure qu'ils s'en éloigneront, & la courbe de l'interſection de leurs ſurfaces ſera fort facile à trouver, en ce qu'elle ſera dans une ſuite d'interſections de cercles.

Si au contraire les tranches qui coupent ces deux corps ſont en ſituation parallele à l'axe du cylindre, elles ſeront terminées dans le cylindre par des parallélogrammes plus ou moins larges, à meſure qu'elles approchent de l'axe, & dans la ſphere par des cercles inégaux : l'interſection de leurs ſurfaces conſiſtera donc dans une ſuite d'interſections de lignes droites qui ſeront les côtés de ces parallélogrammes, & d'arcs de cercles ; ce qui eſt encore facile à déterminer.

Mais ſi les tranches ſont en ſituation oblique à l'axe du cylindre, elles ſeront terminées par le contour des ellipſes, formées dans le cylindre coupé obliquement, leſquelles ſeront toujours d'une grandeur conſtante, parce qu'on ſuppoſe les tranches d'épaiſſeurs égales, & par des cercles inégaux dans la ſphere ; ce qui devient un peu plus difficile dans l'exécution, parce qu'il n'est pas si facile de tracer une ellipse qu'un cercle, comme dans le premier cas, ou qu'une ligne droite comme dans le second. Ainsi l'on voit qu'il y a du choix dans la situation des tranches, pour se procurer plus ou moins de facilité à trouver les points d'intersections des courbes à double courbure, qui se forment à la surface des corps ronds qui se pénetrent avec les planes qui terminent les tranches paralleles : c'est au jugement de l'Artiste à les situer de la maniere la plus favorable à l'exécution, soit qu'on opere sur une surface concave ou sur une convexe : car ce qui convient à l'une ne convient pas toujours à l'autre, parce que dans la concave on a la ressource des cordes, pour déterminer les extrêmités des arcs, & non pas sur la convexe. Or presque toutes les opérations pour la coupe des pierres se font dans les surfaces concaves, qui sont les doëles des voûtes, & rarement dans les convexes.

PROBLEME I.

Tracer un cicloimbre sur deux cylindres inégaux, dont les axes se croisent & se coupent à angle droit.

Soit une moitié de cylindre AF, ou seulement un quart ABCEL, représenté *Fig.* 124.

A iij

ici en perspective, pénétré par la moitié d'un autre cylindre plus petit HLMKF, dont l'axe ON rencontre & coupe celui du grand XC à angles droits.

Nous ne représentons ici que le quart du grand & la moitié du petit, pour rendre la figure moins confuse, ces parties étant suffisantes pour les explications du reste, qui est égal, & une répétition de ce qui est ici apparent, sçavoir un quart à un quart du même cylindre dans le grand, & une moitié à l'autre du petit.

Il s'agit de trouver la courbe à double courbure, marquée à la figure LMK, qui est formée par la rencontre de la moitié de la surface du petit cylindre HK, avec le quart de celle du grand AE.

Pour y parvenir, il faut tracer à part sur une surface plane, un quart de cercle, *bec*, avec le rayon *ce*, égal au demi-diametre du grand cylindre, & sur le rayon *ce*, prolongé de la longueur *eh*, égale à celui du petit cylindre OH, on décrira un autre quart de cercle *hr*, terminé par *re*, perpendiculaire sur *hc*.

On divisera ensuite ce quart de cercle en autant de parties égales qu'on voudra avoir de points à la circonférence de la courbe que l'on cherche, par exemple, ici en quatre aux points 1, 2, 3, *h*, par lesquelles on menera des paralleles à *ch*, qui couperont l'arc *be* aux points *m*.4.5.6.*c*, & la droite *re* aux points *s*,*t*,*v*.

Présentement on a tout ce qui est nécessaire pour tracer le cicloimbre sur l'un & l'autre cylindre : premiérement sur le grand, on commencera par tracer un quart de cercle SM sur le milieu de la rencontre des deux cylindres, par le probl. 2, ch. 2, sur lequel arc on portera du sommet S l'arc O6 de la fig. 125 en S3, *e*5 sur S2, *e*4 sur S1, & *em* sur S*m* ; puis par les points S, 3, 2, 1, *m*, on tirera des paralleles à l'axe par le probl. 2, Partie 2.

On portera ensuite sur la ligne D S E, du sommet la longueur *ch* du rayon ou demi-diametre du petit cylindre de part & d'autre de S en S*u* & SV ; l'ordonnée 3.V en 3.T & 3.*t* sur la parallele à l'axe passant par le point 3 ; la suivante 2*t* en 2.*x*, & 2X sur la parallele, passant par le point 2 de l'arc SM ; l'ordonnée suivante 1.*s* en 1.*y* ; & par les points marqués *u*,*t*,*x*,*y*,*m*,X,Y,T,V, on tracera la courbe à double courbure, que nous avons appellé *cycloimbre* sur le grand cylindre dans lequel entre le plus petit, sur la surface duquel nous la tracerons par les mêmes moyens, comme il suit.

Ayant tracé sur le demi-cylindre HK un demi-cercle LTK, on le divisera en

Fig. 127.

A iv

huit parties égales, parce qu'on a supposé le quart divisé en quatre, aux points 1, 2, 3, T, &c. on menera par ces points autant de paralleles à l'axe du cylindre sur sa surface, sur lesquelles on portera les longueurs données à la fig. 125, sçavoir rm en TM, $s.4$ en $3.x$, $t.5$ en $2.y$, $v.6$ en $1.z$; faisant la même chose de l'autre côté de TM, on aura huits points, par lesquels on fera passer la courbe à double courbure L $z y x$ M, qui sera la même que celle que l'on a tracée sur le grand cylindre. C. Q. F. F.

DEMONSTRATION.

Il a été démontré dans le premier Livre, que le cicloimbre étant uniforme dans chacun des quarts de son contour, il suffit de sçavoir tracer cette partie pour décrire le tout; c'est pourquoi nous ne représentons ici les deux cylindres qui se pénetrent, que par le quart de leur circonférence; mais quoique nous étendions ces deux quarts de cercles inégaux dans un même plan, il faut les imaginer dans deux plans qui se coupent à angle droit, suivant la ligne droite re (*fig.* 125), ce qu'on ne pourroit représenter qu'imparfaitement, par le moyen de la perspective, parce que l'un étant dans le plan du papier, l'autre est en l'air.

DE STEREOTOMIE. 9

Cela supposé, on reconnoîtra que si l'on suppose le petit cylindre $r\,3\,h$, coupé par des plans parallèles à l'axe XC du grand cylindre, ils passeront par les ordonnées du petit $3v, 2t, 1s$; ainsi les deux cylindres seront coupés par des tranches parallèles à leurs axes, dont les rencontres à la surface de l'un & de l'autre, seront évidemment des points de la courbe qui se forme par la pénétration de ces deux surfaces courbes inégales. Or il est clair, par notre construction, que les surfaces de l'un & de l'autre cylindre, ayant été divisées par des lignes parallèles à leurs axes, nous les avons fait passer par des points communs aux deux surfaces, trouvés par le profil de la seconde figure en $m, 4, 5, 8$; ce qu'il est facile de reconnoître, pour peu d'attention qu'on y donne.

Fig. 124.

Il ne paroît pas nécessaire de démontrer que cette courbe d'intersection est un cicloimbre, puisqu'elle est supposée formée par le contours de deux cylindres, dont les axes se coupent à angle droit.

USAGE.

Ce problème est le fondement de la pratique de la coupe des pierres, pour exécuter tous les enfourchemens des berceaux en plein ceintre, qui se croisent à l'équerre, lorſqu'ils ſont de diametres inégaux, & que leurs naiſſances ſont de niveau, tels ſont, par exemple, ceux des lunettes dans une nef d'Egliſe, comme au Val-de-Grace, qui ſont des demi-cylindres, dont les axes étant prolongés, couperoient celui de la nef, ſi les naiſſances ſont de niveau, dont l'arête d'enfourchement eſt un demi-cycloimbre; il arrive quelquefois que c'eſt un cycloimbre entier, comme lorſqu'un puits rond tombe au milieu de la voûte en berceau d'une cîterne, &c. Dans le premier cas, les paralleles aux deux arcs des doëles repréſentent les joints de lit, ſur leſquels les rangs de vouſſoirs ſe ſoutiennent mutuellement; mais dans le ſecond, ces lignes ne ſont néceſſaires que pour l'épure. Si les axes des berceaux ſe rencontrent obliquement, ou s'ils ne ſont pas tous les deux en plein ceintre, la courbe de l'arête d'enfourchement des doëles devient une ellipſimbre, qu'on tracera comme il ſuit.

Probleme II.

Tracer une ellipſimbre ſur les ſurfaces concaves ou convexes de deux cylindres, dont les axes ſe coupent obliquement.

La conſtruction de ce problême eſt ſi ſemblable à celle du précédent, qu'il ſuffiroit de dire que toute la différence consiste en deux petites modifications, qui n'occasionnent aucune difficulté.

La premiere est celle de l'angle que font les axes, aigu ou obtus, au lieu d'un droit.

La seconde est, que dans la préparation il faut substituer des quarts d'ellipses au lieu des quarts de cercles du problême précédent.

Soit le demi-cylindre A F E D B, pénétré par un plus petit H I K L, dont les axes Q N & X c se coupent obliquement en N, suivant un angle aigu Q N X. Il est clair que si l'on suppose un plan passant par cet axe Q N, perpendiculairement au plan X F E C par l'axe du grand cylindre, il fera deux sections différentes, sçavoir un parallélogramme dans le petit, & une ellipse dans le grand, dont la moitié du grand axe sera S N, & le petit B D, qui est ici en perspective, mais qui est égal au double de C E; le quart de cette ellipse sera tracé à part sur une surface plane en S b n. Il est encore évident que si l'on suppose le petit cylindre coupé par un plan tangent au grand, & passant par L K, il fera pour section une ellipse, dont S K ou S L est la moitié du grand axe, & le petit égal à Q M, perpendiculaire à l'axe Q N & H I.

On tracera ce quart d'ellipse sur N S,

Fig. 128.

Fig. 129.

prolongé en *h*, & l'on tirera par S la tangente ST : on divisera ensuite la circonférence du second quart d'ellipse T*h*S en autant de parties égales qu'on voudra avoir de points au quart de l'ellipsimbre proposé à décrire sur les surfaces de chacun des cylindres à part, comme ici en quatre aux points 1, 2, 3, d'où l'on abaissera des parallèles à *hn*, jusqu'à la rencontre de la circonférence du premier quart d'ellipse *bsn*, qu'elles couperont aux points *x*, *y*, *z*, & la ligne TS aux points *s*, *t*, V. Cette préparation étant faite, on a tout ce qu'il faut pour tracer l'ellipsimbre demandé sur les surfaces concaves ou convexes de chacun des deux cylindres.

On tracera sur la surface du grand cylindre la demi-ellipse, dont S*bn* est la moitié (par un point *s*, pris à volonté, & par le probl. 1, ch. 2 ci-devant); ensuite on portera sur cet arc elliptique, depuis le point *s*, les arcs de la fig. 129, SZ, SY, S*x*, SM ; & par chacun de ces points, on tirera des parallèles à l'axe du grand cylindre (par le probl. 2, ch. 1), sur lesquelles on portera de part & d'autre de l'arc elliptique les ordonnées correspondantes, sçavoir 1*s* sur la première parallèle au dessus de *m*, sur la seconde l'ordonnée 2*t*, ainsi de suite ; & par les points trouvés, on tracera une courbe

Fig. 128.

qui sera une ellipsimbre. Comme cette opération ne diffère pas de celle du problême précédent, lorsque l'on a tracé sur le grand cylindre l'ellipse, dont Sbn est le quart, on pourra se servir de la même fig. 126, qui a servi pour la description du cicloimbre.

Fig. 129.

On tracera de même sur le petit cylindre la même courbe, en commençant par y tracer une demi-ellipse, ou l'ellipse entiere, qu'un plan passant par LK feroit dans ce cylindre, sur le contour de laquelle on portera les arcs de la préparation T_1, T_2, T_3, & Th, d'un côté de cet arc elliptique, & autant de l'autre, pour tirer par chacun de ces points des parallèles à l'axe du petit cylindre, qui seront obliques à l'arc elliptique qu'elles couperont, au-delà duquel on portera sur chaque parallèle les prolongations Tm pour le milieu ; sx pour les deux premieres parallèles à droite & à gauche ; ty sur les deux suivantes, & vz sur les troisiemes, venant à rien aux points des extrêmités du grand axe LK: c'est encore la même opération que l'on a fait pour le cicloimbre, fig. 127.

Il est visible que la même démonstration, qui a servi pour la construction du problême précédent, est applicable à celle-ci, qui ne diffère que dans les effets de l'obliquité des axes des deux cylindres, &

des sections elliptiques substituées aux circulaires.

Usage.

Ce problême n'est pas d'un usage moins fréquent dans l'appareil des voûtes que le précédent, non que les directions obliques soient aussi ordinaires dans les rencontres des berceaux que les perpendiculaires ; mais parce qu'il est très-ordinaire qu'ils soient surhaussés ou surbaissés dans leurs ceintres, quoique d'une naissance de niveau, qui fait que leurs axes se coupent bien perpendiculairement, si l'on veut ; mais cependant il n'en résulte pas des cicloimbres, parce que les cylindres sont de la nature des scalenes, dont les sections perpendiculaires à l'axe ne sont pas des cercles.

Probleme III.

Tracer une ellipsimbre formée par l'intersection des surfaces de deux cylindres qui se pénétrent mutuellement, en se croisant, sans que leurs axes se rencontrent.

Soient deux demi-cylindres AB, CD qui se croisent à angle droit, sans que leurs axes se rencontrent, on demande qu'on trace la courbe de l'intersection des surfaces, qui est une ellipsimbre E M g.

On fera sur une surface plane une préparation, à peu près comme dans les deux problêmes précédens, en représentant le grand cylindre par un quart de cercle AHC, & l'on portera sur CH la distance CX qui représentera celle de l'axe du grand cylindre, qui passe par le centre C & du petit cylindre FX qui croise la direction du grand sans le rencontrer, comme on voit le petit cylindre CD pénétrer le grand AB à angle droit sur le côté, parce que les deux axes, quoique chacun soit en situation horizontale, sont supposés à des hauteurs inégales.

Sur la ligne FX qui représente l'axe du petit cylindre, & d'un rayon FG égal à celui de la base de ce cylindre, on fera le quart de cercle FIG, qu'on divisera en autant de parties égales qu'on voudra avoir de points à la circonférence du quart de l'ellipsimbre demandée, par lesquels on menera des parallèles à l'axe FG, qui couperont le demi-diametre GI aux points u, t, s, & l'arc du grand cylindre AH aux points x, y, z, k.

Cela posé, on décrira sur la surface du grand cylindre un cercle, dont une partie de la projection est ML, sur lequel on portera l'arc AK, & toutes ses parties successivement : par exemple, AG de M en g,

Fig. 131.

G*x* en *gx*, ainsi de suite : enfin *z*K en *z*L, où est le sommet de la courbe d'intersection, qui répond au point K du profil AKH; par les points de divisions de cet arc, on menera des paralleles à l'axe, sur lesquelles on portera les ordonnées GF & les suivantes du profil du petit cylindre de part & d'autre de ML, comme GF du profil en *gf* & *go*, *us* en *x*1 & *x*4, ainsi des autres ; & par les extrêmités de ces lignes, *f*, 1, 2, 3, L, 6, 5, 4, *o*, on tracera sur la surface courbe du grand cylindre le contour de l'ellipsimbre, formée par l'intersection des surfaces du petit & du grand cylindre.

Il s'agit présentement de tracer la même courbe sur la surface du petit cylindre.

On commencera par y tracer un cercle par le probl. 2, ch. 1, dont le quart sera égal à celui du profil F3I, & dont le plan est exprimé au même profil par la ligne droite GI, & dans la projection horizontale, fig. 130, par la ligne *gf*, dont le milieu est le point *i*, qui représente I du profil.

Ayant tiré sur la surface de ce petit cylindre des paralleles, comme dans le grand, passant par les points 1, 2, 3, I du profil, qui couperont la droite *gf* aux points *u*, *t*, *s*, *i* d'un côté, & autant de l'autre de *m*M, on portera sur ces paralleles prolongées au-delà

delà de gf, les distances de la ligne droite GI à l'arc AKH, dans l'ordre où elles sont de part & d'autre de la ligne du milieu mM, sçavoir ux du profil en uX du plan, ty du profil en tY du plan, sz du profil en sZ du plan, & IK du profil en iM du plan, répétant les mêmes transpositions des avances au dessous de M du côté de g, & par les points f, X, Y, Z, M & g, on tracera sur la surface du cylindre la courbe d'intersection des deux surfaces égales à celle qui a tracé sur le grand cylindre, quoique sur une surface beaucoup plus concave ou convexe. C. Q. F. F.

La démonstration de cette construction est encore la même que celle des deux problêmes précédens, avec cette petite différence, que dans la préparation, le quart de cercle GFI qui représente le profil du petit cylindre, n'est pas sur la ligne CA, prolongée comme il étoit, mais écarté à côté de l'intervalle AG égal à la distance CX de l'axe du grand cylindre passant par C, à l'axe du petit passant par G ; au reste ce quart de cercle GFI, qui est mis dans le même plan que l'autre CAH dans le dessein, doit être relevé par la pensée dans un plan perpendiculaire, relevé en l'air sur la ligne GI, qui en est le profil.

On reconnoît aussi que les lignes pa-

Tome II. B

ralleles que nous avons tracées comme des tranches, traversant les deux solides parallélement à l'horizon, font dans l'un & dans l'autre, des sections qui sont des parallélogrammes, parce qu'elles passent ou par leurs axes, ou parallélement à ces axes qui sont supposés horizontaux, quoique de différentes directions & à différentes hauteurs : ainsi ces lignes sont des côtés de l'un & de l'autre cylindre, dont les intersections donnent des points de l'ellipsimbre qui est formée par celles des deux surfaces inégales, concaves ou convexes.

Nous avons dit dans la premiere partie, théor. 4. pourquoi elle est dans cette circonstance une ellipsimbre.

USAGE.

Cette proposition donne la maniere de trouver l'arête d'enfourchement d'une lunette dans un berceau, dont la naissance est au dessus de celle de cette voûte cylindrique, comme l'on voit en plusieurs rencontres, & particuliérement à celles qui ouvrent le passage de la lumiere des vîtraux qui sont au dessus des entablemens dans la plûpart des nefs de nos Eglises modernes.

PROBLEME IV.

Tracer sur une surface concave ou convexe une ellipsimbre formée par l'intersection des surfaces d'une sphere & d'un cylindre, dont l'axe ne passe pas par le centre de la sphere.

Nous avons démontré au premier Livre, que si l'axe passe par le centre de la sphere, l'intersection des deux surfaces est un cercle, mais que s'il n'y passe pas, c'est une ellipsimbre, qui est une courbe à double courbure, dont il s'agit ici.

Soit ABD un des cercles majeurs de la sphere, dont le centre est C, pénétrée par un cylindre, dont HFKI est le parallélogramme par l'axe GX, qui ne passe pas par le centre C, les côtés de ce parallélogramme couperont le cercle de la sphere en deux points E & L, qui seront communs aux surfaces des deux corps, par lesquels, si l'on suppose un plan perpendiculaire au demi-cercle ABD, coupant ces deux corps, il fera dans la sphere un cercle qui aura LE pour diametre, & dans le cylindre une ellipse, dont la même LE sera le grand axe : donc la commune intersection des deux surfaces ne sera ni cercle ni ellipse, mais une ellipsimbre, comme nous l'avons démontré au premier Livre : c'est

Fig. 13.

cette courbe dont il s'agit de trouver plusieurs points sur l'une & l'autre surface : pour y parvenir, il faut diviser ces deux corps par plusieurs tranches parallèles entr'elles, & d'égale épaisseur, par des plans perpendiculaires aux côtés Hi ou FK, dont les sections sur le parallélogramme par l'axe du cylindre & le demi-grand cercle de la sphere seront autant de diametres des cercles différens que font ces tranches dans le cylindre & dans la sphere, dont les centres seront sur l'axe du cylindre GX en n, n, n pour les sections dans le cylindre, & sur le rayon CB pour les sections dans la sphere en o, o, o. Ainsi pour avoir le point d'intersection des surfaces coupées par la ligne 3, 6, qui coupe l'axe du cylindre en N, & le rayon CB de la sphere en O ; du

Fig. 132. point N pour centre, & N3 pour rayon, on décrira un arc en haut ou en bas (il n'importe) 3x, & du point O pour centre, & O.6 pour rayon, l'arc 6.x qui coupera le précédent au point x, qui est celui de l'intersection des surfaces de la sphere & du cylindre, coupées par un plan 3.6.

Si l'on veut avoir la projection de ce point, il n'y a qu'à abaisser une perpendiculaire sur la ligne 3, 6 qui la coupera au point P, où sera la projection du point x sur le parallélogramme par l'axe du cylindre.

Il est visible qu'on trouveroit de même le point d'intersection *y* sur la ligne 1,4, en décrivant les arcs renversés au dessous, comme L*y* du centre *n*, & *n* 1 pour rayon du cylindre, & l'arc 4*y* du point O pour centre, & *o*4 pour rayon dans la sphere, qui se couperont en *y*, d'où tirant une perpendiculaire à la ligne 1,4, on aura la projection du point *y* au point *q* sur le plan du parallélogramme par l'axe du cylindre HFKI, de laquelle projection on verra dans la pratique l'usage qu'on peut faire.

Nous remarquerons seulement ici que si l'on prend plusieurs de ces points de projection de suite, on aura une courbe LZE qui sera l'axe courbe de l'ellipsimbre.

Cette préparation étant faite, on peut décrire l'ellipsimbre sur les deux surfaces concaves ou convexes de la sphere & du cylindre.

Premiérement sur le cylindre, ayant tiré une parallele à l'axe, par où l'on voudra, par exemple, ici HI, on y portera de suite les intervalles des tranches *e* 3 ; 3,2 ; 2,1, & 1 L, par lesquels on tracera autant de cercles (par le probl. 2, ch. 1.), sur lesquels on portera les arcs trouvés, comme 3.*x* sur le cercle, passant par le point 1.*y* sur le cercle, passant par le point 1, ainsi des intermédiaires, passant par les points 2,

Fig. 232.

& plus s'il y en a; & par ces points, on tracera la courbe demandée LZE, qui sera une ellipsimbre sur la surface du cylindre.

De la même maniere on commencera par tracer sur la sphere un cercle majeur, par le probl. 1, ch. 1, & ensuite trois mineurs par les points donnés à l'arc LB aux intersections de cet arc, avec les droites 3.6, 2.5, 1.4, sur lesquels on prendra les arcs 6.x & 4.y, que nous représentons ici décrits à part, pour les distinguer de leurs diametres, qui sont des lignes droites, & par les points p, z, q, où ces arcs se terminent, on tracera une courbe, qui sera la même que l'on a décrit sur le cylindre.

On auroit pu opérer différemment pour venir à la même fin, en faisant les tranches des sections planes parallélement à l'axe du cylindre, au lieu de les faire perpendiculaires à cet axe: alors elles auroient été des parallélogrammes dans le cylindre, mais toujours des cercles dans la sphere: ainsi les points d'intersections n'auroient point été trouvés par celles de deux arcs de cercles, mais d'une ligne droite qui auroit été le côté du cylindre avec un cercle mineur de la sphere; ce qui n'est pas difficile à concevoir, mais où l'on trouve peu d'avantage pour la facilité de la pratique, parce qu'il ne faut pas moins tracer d'arcs de cercles sur la sphere, & autant de parallélogrammes dans le cylindre.

Il est facile d'appercevoir dans cette premiere construction, où les tranches sont perpendiculaires à l'axe du cylindre, que l'on ne peut représenter les arcs des deux corps coupés par le même plan, sans les décrire en dessus ou en dessous de leurs diametres, parce qu'étant supposés perpendiculaires au plan du papier, il faut les relever par la pensée, comme étant en l'air, sur un plan qui lui est perpendiculaire, à moins que de les supposer applatis par la projection, & alors la suite des points de leurs intersections, forme une ligne courbe qui va du point E au point L à l'autre extrémité de la section, laquelle est l'axe courbe de l'ellipsimbre, auquel sont appliquées les mêmes ordonnées de l'ellipse plane, faite par la section oblique du cylindre.

USAGE.

Cette proposition fait voir la maniere de former des lunettes dans une voûte sphérique, comme un dôme, dont les impostes sont plus basses que les vîtraux, soit que ces lunettes soient faites pour des vîtraux ceintrés sur des jambages ou pieds droits à plomb, soit qu'ils soient totalement circu-

B iv

laires, comme ce qu'on appelle des yeux de bœuf.

Nous avons parlé des ellipsimbres formées par les interfections des cylindres entr'eux, enfuite des cylindres avec les fpheres, il nous refte à parler de celles qui réfultent d'un cylindre qui pénetre un cône.

Problème V.

La position d'un cylindre dans un cône qu'il pénetre étant donnée, décrire fur leurs furfaces concaves ou convexes, l'ellipsimbre formée par la rencontre de ces furfaces.

Quoique ce problême contienne plufieurs cas, ils peuvent tous être réduits à notre méthode générale de couper les deux corps en tranches paralleles entr'elles, par des plans difpofés dans des fituations qui produifent dans l'un & l'autre des fections faciles à tracer, comme font les cercles & les ellipfes, évitant, autant qu'il fera poffible, celles qui produifent des paraboles & des hyperboles : les cas qui fe préfentent des pofitions relatives de ces deux corps qui fe pénetrent, font, 1°. lorfque les deux axes du cône & du cylindre font paralleles entr'eux.

Alors la pofition la plus convenable des tranches paralleles, eft de les faire perpendiculaires aux deux axes, parce que les plans coupans font dans l'un & dans l'autre des sections circulaires, dont les centres sont donnés sur les axes, & les rayons par les côtés du cône ou du cylindre qu'ils coupent; les intersections de ces cercles du cône & du cylindre donnent les points de l'ellipsimbre, comme nous venons de le dire du cylindre qui pénetre la sphere.

Soit ASB le triangle par l'axe du cône *Fig. 133.* qui est pénétré par un cylindre, dont le parallélogramme par l'axe est DHFG; il coupera le triangle par l'axe du cône aux points E & L, qui feront communs aux deux surfaces du cône & du cylindre. Ayant mené par ces points de rencontre des perpendiculaires aux axes Ef & Ll, on divisera l'intervalle EL en autant de parties égales qu'on voudra avoir de points à la moitié de l'ellipsimbre, comme ici en cinq aux points $e, 3, 2, 1, L$, par lesquels on menera des paralleles à Ef, qui couperont l'axe du cône en o, & celui du cylindre en n, où seront les centres des cercles de ces tranches, dont les rayons sont donnés en nE pour le cylindre qui sont constans, & en of & ol pour le cône où ils sont variables à chaque tranche, augmentant toujours du sommet à la base: ces cercles se couperont en des points, comme x & y, qui seront au contour de l'ellipsimbre, desquels tirant des perpendiculaires à leurs diametres, on aura des points P & p qui en donnent la projection dans le plan du parallélogramme, par l'axe DHEG.

Second cas. Lorsque les axes sont inclinés entr'eux, comme à la figure 134., il est visible qu'en suivant la même construction, il n'y aura de différence avec le précédent, qu'en ce que faisant les tranches perpendiculaires à l'axe SC du cône, elles feront dans le cylindre des ellipses, dont les grands axes sont donnés en EP, & leurs paralleles : ainsi l'intersection du contour de ces tranches sera celle d'un cercle dans le cône, & d'une ellipse dans le cylindre, dont les centres & les diametres sont donnés à chaque tranche ; & comme toutes les ellipses sont constantes dans le cylindre, il suffit d'en tracer une seule, & d'y rapporter les différens arcs de cercle du cône, en observant les différens intervalles des centres de ces deux figures qui se rapprochent comme les axes. Et si l'on fait des perpendiculaires sur les diametres, tirées par les points d'intersections, on aura pour projection de l'ellipsimbre une courbe E*x*L, qui sera l'axe courbe de cette ligne d'intersection à double courbure.

Troisieme cas. Lorsque les axes du cône

& du cylindre font perpendiculaires entr'eux, il y a deux manieres de difposer les tranches paralleles, ou perpendiculairement à l'axe du cône, ou perpendiculairement à l'axe du cylindre.

Dans la premiere pofition, la fection des plans paralleles eft toujours un cercle de grandeur variable dans le cône, & un parallélogramme de largeur variable dans le cylindre.

Les centres de ces cercles font donnés *Fig. 135.* fur l'axe du cône, & leurs rayons par leur diftance au côté fur chaque parallele; les largeurs des parallélogrammes que font les fections des mêmes plans parallélement à l'axe du cylindre, font donnés par les ordonnées au cercle de la bafe du cylindre: ainfi on peut trouver tous les points de la courbe cherchée, par l'interfection d'un cercle & d'une ligne droite.

Si au contraire on faifoit paffer les plans des tranches parallélement à l'axe du cône, il eft clair qu'ils formeroient des hyperboles dans le cône, & des cercles dans le cylindre: ainfi les interfections feroient un peu plus difficiles à trouver, d'une hyperbole avec un cercle, que d'un cercle & d'une ligne droite.

Il peut arriver un quatrieme cas, où les axes du cône & du cylindre ne fe rencontrent pas, quoiqu'ils se croisent: mais il est facile d'y pourvoir par un profil qui détermine leur distance & leur inclinaison mutuelle, & ensuite on dirigera les tranches à l'égard de l'un ou de l'autre des axes, comme nous avons fait dans les cas précédens, pour avoir des sections de tranches circulaires ou elliptiques, ou en parallélogrammes.

Ces préparations étant tracées sur une surface plane, il n'est plus question que de porter les arcs, les côtés & les mesures sur les surfaces courbes de ces corps, soit concaves ou convexes, comme nous l'avons fait dans les problêmes précédens, en y traçant des lignes droites pour servir de côté déterminé sur le cône ou sur le cylindre, & des arcs de cercles ou d'ellipses perpendiculaires à ces côtés, sur lesquels on portera les arcs trouvés dans la préparation, soit en prenant leurs cordes, si c'est dans une surface concave, soit en prenant leur développement par petites parties, s'il s'agit d'une grande surface convexe, ou avec compas à branches courbes, si l'objet est petit.

Ainsi supposant qu'il s'agisse de tracer ellipsimbre formée dans le troisieme cas.

Ayant tracé sur la surface du cône donné par un point V, pris à volonté, une ligne droite Vs pour côté du cône & milieu de l'ellipſimbre, on y portera du ſommet la diſtance SE qui donnera l'extrêmité du grand axe, & enſuite la longueur EL pour celle du même axe, qu'on diviſera en autant de parties égales qu'à la préparation : par exemple, ici en quatre, par leſquelles du ſommet S, comme centre, ou plutôt comme pole, on tracera les cercles 3, 6; 2, 5; 1, 4; ce qui ſe fait très-facilement avec un cordeau, dont un bout eſt fixé en S; enſuite on portera à droite & à gauche de la ligne EL les arcs de cercle, dont les ordonnées de la baſe du cylindre ſont les ſinus droits, qu'il faut chercher par une figure faite exprès à part ſur une ſurface plane, en décrivant des cercles, dont les rayons ſeront pris ſur la figure de préparation dans le triangle par l'axe, en op, oP, oq, dans leſquels on inſcrira, comme des ſinus perpendiculaires ſur ces rayons, les ordonnées de la baſe rm, rM, rt, en tirant des paralleles à ces rayons de l'intervalle de ces ordonnées qui couperont ces arcs en u, v, V; puis on tirera à droite & à gauche de la ligne du milieu EL les arcs up, vP, Vq, ſçavoir up de 3 en x, vP de 2 en y, Vq de 1 en z; & par les points E, x, y, z, L, on tracera la moitié de l'ellipſimbre ſur la ſurface concave ou convexe du

Fig. 133.

cône, répétant les mêmes mesures de l'autre côté de E L pour l'avoir toute entiere.

Il reste à présent à tracer la même courbe sur la surface du cylindre.

Ayant fait les mêmes préparations dans la figure 133, on tirera des perpendiculaires uz, vz, Vz sur les prolongemens des ordonnées correspondantes de la base, pour avoir la projection de la section commune.

Cela posé, ayant tracé sur la surface du cylindre autant de paralleles à l'axe, qu'on a pris de points au contour de la base, comme ici cinq E, m, M, t, l pour une moitié, & décrit un cercle comme DfH, qui les coupe toutes à angle droit pour servir d'un terme, d'où l'on commence à compter la longueur de chacune, on portera successivement sur ces paralleles toutes les longueurs du profil de la figure 133, jusqu'à la rencontre de l'axe courbe 5 zl, comme E5 de la fig. 133 en De de la figure X, pz en fg, &c. de part & d'autre de De, pour avoir en même tems la courbe tracée sur la partie opposée du cylindre, qu'on ne peut représenter dans cette figure.

Fig. X.

CHAPITRE I.

Des interſections des corps ronds qui ne ſe pénetrent pas de toute leur épaiſſeur.

IL eſt aſſez clair que ſi les corps ronds, dont nous parlons, ne ſe pénetrent que dans une partie de leur épaiſſeur, les courbes de leurs interſections ne ſeront pas complettes : mais il en réſulte qu'au lieu d'une, il y en a en quelque façon deux portions qui ſe trouvent liées enſemble par un contour arrondi : c'eſt pourquoi nous leur donnons le nom de *compoſées*.

La maniere générale que nous venons d'établir pour trouver les contours des ſimples, nous ſervira auſſi à décrire les compoſées, en coupant par tranches paralleles entr'elles, les deux corps qui ſe pénetrent en partie, comme nous allons en montrer l'application.

PROBLEME I.

Décrire ſur une ſurface concave ou convexe, l'ellipſimbre compoſée, qui réſulte de l'interſection de deux cylindres qui ſe croiſent, dont l'un ne pénetre l'autre que d'une partie du contour de ſa ſurface.

Soit ABED la ſection par l'axe d'un *Fig.* 136.

petit cylindre à l'égard d'un plus grand BGCF, qu'il croise & qu'il pénetre à angle droit, mais non pas de toute l'épaisseur de son contour : ensorte que supposant que la ligne 1*t* soit tangente au cercle de la base du grand FBGE, il reste encore l'intervalle de deux fois l'arc A1 de la base du petit, hors de la surface du grand, dans la partie la plus serrée de la section composée, qui est en *f* M *g*.

On divisera le demi-cercle de la base du petit cylindre AHB en autant de parties égales qu'on voudra avoir de points au quart de la circonférence de l'ellipsimbre composé, qui doit terminer l'intersection des deux surfaces du grand & du petit cylindre, comme ici en huit aux points A1, 2, 3, H, 4, 5, 6, B, par lesquels on menera sur la surface du même des parallèles à l'axe; ou, ce qui est la même chose, au côté AD, qui couperont les arcs BF & EF de la base aux points *b, c, d, e, f*, par lesquels on menera des parallèles à la ligne BA prolongées indéfiniment vers S, hors de la figure, où l'on se propose de représenter en élévation la courbe composée de l'intersection des surfaces des deux cylindres : ainsi SA représentera le côté supérieur du grand cylindre, dont on ne voit que la base à la premiere figure, SD l'inférieur, & FX le milieu.

Sur

DE STÉRÉOTOMIE. 33

Sur la ligne *ch*, provenant du rayon du petit cylindre HI, prolongé jusqu'à l'arc EF qu'il rencontre en *c*, on prendra un point *m* à volonté pour le milieu de la section, duquel on portera sur *ch* de droite & de gauche le demi-diametre IH de *m* en *h* & en *o*, de même du point *d* provenant du point 4 du demi-cercle AHB, ayant tiré une parallele à AS, qui coupera *mk* en *u*, on portera de part & d'autre de ce point l'ordonnée 4*p* de *u* en *q* & en Q; continuant de même à porter les ordonnées suivantes, provenant des points 5 & 6 sur les lignes paralleles, tirées des points *e*, *f*, *g*.

On reprendra de même jusqu'à la ligne du milieu FX, où l'on portera de part & d'autre du point M l'ordonnée au point 2 du demi-cercle AHB, pour y marquer d'un côté le point *l*, & de l'autre le point *g*, qui déterminent l'intervalle *lg*, où la courbe est la plus resserrée, supposant que la ligne 2*t* soit une tangente au cercle BFE; ce qui produira pour la moitié de l'élévation de la courbe projettée sur un plan vertical le contour *lhqi*Q*og*, qui doit être répété au dessous en *lkg*, comme la figure le montre plus sensiblement que ne peut faire le discours.

Ces deux figures, l'une de profil & l'autre d'élévation, étant tracées sur une sur-

Tome II. C

face plane, il ne fera pas difficile de tracer la courbe d'interfection des furfaces fur le grand & fur le petit cylindre, en commençant par tracer fur l'une & l'autre beaucoup de paralleles à leurs axes, dont les intervalles feront pour le grand cylindre ceux des arcs Fb, bc, cd, de, &c ; & fur le petit, l'intervalle des arcs A 1, 1, 2, 2, 3, 3 H, &c.

Puis ayant tracé fur la furface du grand un cercle qui les coupe toutes à angle droit, repréfenté ici par la ligne droite iMky, on portera fur chacune des paralleles les mêmes ordonnées au diametre AB de la bafe du petit cylindre, qu'on a porté fur l'élévation de part & d'autre du cercle perpendiculaire aux paralleles à l'axe, & l'on aura le contour courbe demandé, en traçant d'un point à l'autre une ligne courbe à la main, qui fera d'autant plus exacte, que le nombre des points trouvés à fon contour fera grand.

On en ufera de même pour tracer la courbe fur la furface du petit cylindre, fur laquelle le même contour fe trouvera profilé avec tant d'exactitude, qu'étant appliqués l'un fur l'autre, ils conviendront parfaitement.

Nous ne pousserons pas plus loin la théorie & la defcription des fections des corps ronds, cylindriques, coniques, & fphéri-

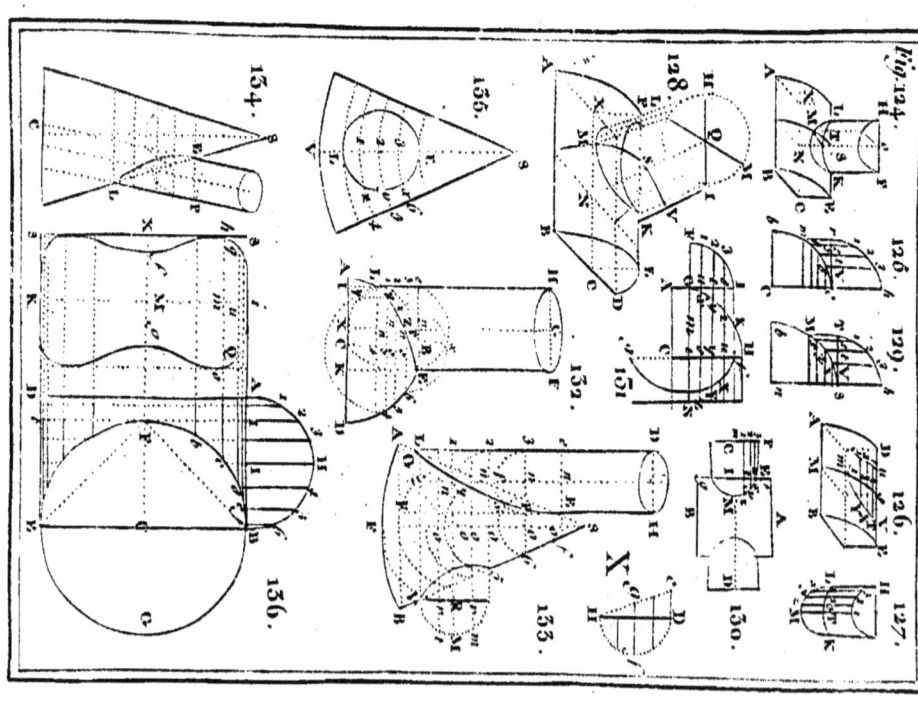

ques, formés par l'intersection des surfaces de ceux qui se pénétrent mutuellement; ce que nous en avons dit est très-suffisant pour un Livre élémentaire, qui ne doit être qu'une introduction à la *pratique de la coupe des pierres*, qui est notre unique but.

Ceux qui voudront s'instruire plus amplement, trouveront de quoi se satisfaire dans notre Traité de Stéréotomie.

Nous allons passer aux moyens de représenter les divisions des corps solides, auxquels nous comparons les voûtes de toutes les especes usitées, pour donner à chacune de leurs parties, appellées voussoirs, la configuration nécessaire pour qu'elles concourent à la formation du tout; ce genre de dessein & de représentation, s'appelle l'*épure*, qui est le préparatif immédiat pour l'exécution des voûtes.

CINQUIEME PARTIE.
De la représentation d'un corps solide sur une surface plane.

Nous avons traité au premier Livre de la formation & des propriétés des lignes courbes qui résultent de la section des corps, dont les surfaces sont coupées par des plans, ou pénétrés par des solides;

Dans le second, de l'art de décrire ces courbes sur des surfaces planes, lorsqu'il est possible, ou sur des surfaces concaves ou convexes, lorsqu'elles sont à double courbure.

Il nous reste à chercher les moyens de représenter sur un plan les parties solides provenues de ces sections, d'une maniere à pouvoir y trouver les dimensions de leurs surfaces, & les ouvertures des angles qu'elles font entr'elles, pour en former la figure dans une masse de pierre brute, ou de bois; car il s'agit de la tailler avec une telle précision, que ces surfaces planes & courbes, jointes aux pieces contiguës, concourent à la formation d'un tout, dont elles doivent être des parties régulieres. Ce genre de dessein s'appelle en terme de l'art, le *trait* ou l'*épure*.

Ici nous quittons en quelque façon la théorie générale de la section des corps pour descendre à *l'introduction de la pratique de la coupe des pierres.*

§.

Des différens moyens qu'on a imaginés pour représenter un solide sur une surface plane.

Il est évident, pour peu qu'on y fasse attention, qu'on ne peut représenter exactement & dans toutes ses mesures un corps de figure quelconque sur un plan, qui n'est susceptible que de deux dimensions, longueur & largeur : il en faut trois pour un solide, qui a de plus la hauteur, l'épaisseur, ou la profondeur : car c'est cette troisieme qui constitue la différence essentielle d'un plan à un solide.

On a donc été obligé de représenter un corps solide par parties, lorsqu'on a eu besoin d'en conserver les dimensions, ou d'altérer une des trois, ou de les altérer toutes.

Lorsqu'on a eu une attention particuliere aux distances horizontales, on a applati la hauteur par la projection, dont nous avons parlé au Livre précédent; ensorte que la hauteur d'une ligne verticale a été réduite à un seul point, & un plan vertical à une seule ligne, dont on n'a tiré d'autre avantage que de marquer à quelle distance les bases particulieres des hauteurs font les angles, ou du contour d'une trace horizontale de tout le corps, parce que la premiere opération d'architecture, pour édifier, est de mettre les fondemens de niveau.

Cette description s'appelle, en terme de l'Art, le *plan horizontal*, & en terme de science, tiré du Grec, l'*ichnographie*. Nous nous servirons ordinairement de celui de *projection horizontale*, pour éviter les expressions impropres, comme de dire le *plan d'un point*, ou le *plan d'une ligne*, ou la cacophonie d'un même mot, répété en différens sens, comme le *plan d'un plan*, pour dire la projection d'une surface plane.

Cette premiere espece de représentation ne servant de rien pour exprimer les hauteurs, on en a imaginé une pareille sur un *plan vertical*, qui applatit les longueurs horizontales par une projection semblable à la précédente, dont elle ne diffère que de position à l'égard de l'horizon: cette seconde espece de représentation s'appelle en terme de l'Art différemment, suivant les circonstances.

Si le corps projetté verticalement est supposé coupé par sa moindre largeur, elle s'appelle *profil*; si elle exprime l'intérieur, suivant la longueur, elle s'appelle *coupe*, & en terme de science, *ortographie*; si le corps est vu extérieurement, on l'appelle *élévation*.

Comme les corps sont enveloppés de plusieurs surfaces de différentes inclinaisons, celles qui ne sont ni horizontales ni verticales, ne peuvent être représentées exactement par les manieres précédentes, où une de leurs dimensions est raccourcie par la projection.

On a imaginé une troisieme sorte de dessein, qui est un arrangement contigu de toutes les surfaces dont il est enveloppé, placées les unes à côté des autres; on l'appelle le *développement*, & en terme de science, *épipédographie*.

Enfin comme aucune de ces manieres ne représente les ouvertures des angles que font entr'elles ces surfaces, il a fallu chercher un moyen de les déterminer par le secours des instrumens à deux branches mobiles, qui s'ouvrent & se ferment, qu'on appelle *biveaux*, du mot Latin *bivium*, chemin fourchu, qu'on fait servir à toutes sortes d'angles rectilignes, curvilignes, ou mixtes, en courbant leurs branches, comme il est nécessaire; j'appelle cet Art la *goniographie*, description des angles.

Nous ne parlerons point d'une cinquieme

manière de représenter les corps comme nos yeux les apperçoivent, pour en copier l'image d'après nature, parce qu'elle en altere toutes les dimensions ; les parties égales, posées à des distances inégales, deviennent inégales entr'elles, par l'apparence ; la raison en est tirée de l'optique, parce que les objets égaux, vus de près, sont apperçus sous un angle plus grand que lorsqu'ils sont vus de loin. Cette sorte de représentation, qu'on appelle *perspective* ou *scénographie*, devient, par cette raison, inutile à un art, où il faut des mesures précises de l'objet qu'on doit représenter pour en faire la figure exacte. Elle sert seulement aux peintres, & particuliérement à ceux qui doivent exprimer dans leurs tableaux quelques corps ou parties d'architecture.

De la projection horizontale (en terme de l'Art) *du plan horizontal.*

La situation des corps qu'on veut représenter, considérée à l'égard de l'horizon, c'est-à-dire *du niveau* respectif de leurs surfaces & de leurs angles, décide totalement de la figure qui résulte de leur position *projettée.*

1°. Toutes les surfaces planes qui sont parallèles au plan de projection, supposé de niveau, y sont exactement représentées dans leurs mesures ; mais dès qu'elles sont inclinées, elles n'y sont plus semblables : un quarré, par exemple, y paroît souvent une *lozange* ; un cercle devient une ellipse, ainsi de bien d'autres figures ; delà viennent des représentations d'un même corps tout-à-fait différentes, & méconnoissables à surprendre : un cube, par exemple, posé à plat, a pour projection un quarré égal à celui sur lequel il est posé, & à son parallele supérieur, les quatre autres qui l'enveloppent ne sont représentés que par des lignes, parce qu'ils sont verticaux & perpendiculaires au plan de projection ; mais si le cube est posé sur la pointe d'un de ses angles solides, perpendiculaire à l'axe qu'on suppose passer diagonalement à son angle supérieur opposé, sa projection horizontale sera un *exagone*, & même sa projection verticale, s'il est en même position à l'égard d'un plan vertical ; parce qu'il ne présente à ce plan que des surfaces qui lui sont inclinées, & à l'horizon, sçavoir trois en dessus & trois en dessous, qui sont des quarrés projettés en *lozanges* contiguës ABDC, DCFE, FCAG, dont les trois angles ACF, ACD, DCF, en sont nécessairement de 120 degrés chacun, qui sont le tiers de 360, lesquels sont égaux à leurs opposés en B, E, G, qui font ceux de l'exagone.

2°. D'où il fuit qu'une telle projection n'a pu fervir qu'à donner les diftances horizontales des diagonales de ces quarrés *ad*, *dc* & *ca*, & celles des trois autres quarrés oppofés en deffous, comme *ge*, *ei* & *ig*.

Cependant, avant toutes chofes, il faut commencer par tracer le plan horizontal du corps qu'on fe propofe d'édifier, qui eft ordinairement (fuivant notre objet) une voûte d'une figure déterminée, relativement à l'ufage auquel on la deftine ; & comme on ne peut pas la faire d'une piece, on la divife en petites parties, qu'on appelle vouffoirs, qui doivent concourir chacun en particulier à l'édifier correctement & folidement : c'eft fur cette divifion & repréfentation de chacune de ces petites parties, que nous allons nous exercer dans ce troifieme livre ; furquoi on ne peut s'énoncer, pour être entendu, fans convenir auparavant de la fignification des termes de l'art, ufités chez les Architectes.

Ainfi pour entrer dans la pratique de la *coupe des pierres*, il faut s'inftruire des noms que l'ufage y a confacrés, dont nous avons mis un recueil, en forme de dictionnaire, à la fin de ce livre d'Elémens, pour ne pas interrompre le fil des inſtructions circonſtanciées, afin qu'on y ait recours, lorſqu'il s'en trouvera dans le diſcours qu'on n'entendra pas; cependant nous ne pouvons nous diſpenſer d'en expliquer ici quelques-uns des plus fréquemment uſités qui ont différentes ſignifications; tel eſt le mot de *cintre*; lorſqu'il s'agit d'appareil, il ſignifie la courbe de ſection tranſverſale d'une voûte, laquelle eſt ordinairement une moitié, ou une portion de cercle ou d'ellipſe; mais lorſqu'il eſt queſtion de charpente, c'eſt le modele de bois & l'appui ſur lequel on poſe les *rangs* de vouſſoirs pour les ſoutenir, juſqu'à ce que la clef étant miſe, ils ſe ſoutiennent d'eux-mêmes.

Les diviſions de ces rangs s'appellent *lits* en joints, qui ſont ordinairement en ligne droite dans les berceaux droits, & courbes dans les *tournans* & voûtes *ſphériques*; les diviſions de ces *rangs*, ſuivant leur direction, s'appellent *joins de tête* ou *de doele*, leſquels ſont des portions des ceintres, parconſéquent courbes. La différence de ceux-ci eſt que leur alignement ne doit pas être continu, mais interrompu par les rangs contigus qui avancent plus ou moins pour faire la *liaiſon*, au lieu que ces joints de lit doivent être continués d'alignement droit ou circulaire, ſuivant leurs directions. Comme toutes ces lignes de joints de lit & de doele sont en l'air séparées à des distances inégales, considérées horizontalement & verticalement, on en trouve les différences de hauteur par les sinus droits des arcs ou leurs parties, & leur surplomb, ou avancés les unes sur les autres par les sinus verses; ce qu'on appelle en terme de l'art, les *à-plomb* & les *retombées*. Ainsi B P *sinus* droit de l'arc A B, est un à-plomb, & A P sinus verse, la *retombée*; d'où résulte une exacte connoissance de la position & inclinaison de la corde A B, qu'on appelle la *doele platte*, laquelle sert de préparation à la doele courbe A D B, en ce qu'elle détermine l'intervalle des deux joints de lit de dessus & de dessous; par une sorte de trigonométrie méchanique, qui donne l'hypothénuse A B du triangle rectangle A B P, en mesurant la hauteur du joint supérieur, & l'intervalle de la projection horizontale de ces deux joints.

Il est donc de nécessité indispensable de faire la projection des divisions des lignes courbes du ceintre d'une voûte; mais comme ces courbes peuvent infiniment varier entre le cercle & l'ellipse plus ou moins alongée ou applatie, lesquelles sont presque les seuls ceintres usités, & que les sections transversales, qui ne sont pas paralleles entr'elles, deviennent inégales relativement à leur différence de position, il faut en examiner la dépendance relative.

Des différences respectives des ceintres.

Lorsqu'il y a quelque obliquité dans une voûte, comme dans un berceau qu'on appelle *biais*, c'est-à-dire dont la direction n'est pas perpendiculaire à la face, d'entrée ou de sortie, ou à aucune des deux, il peut y avoir à cette seule voûte trois sortes de ceintres différents, sçavoir A H B au bout le moins oblique, F G E à son opposé, qui l'est plus, & D R O qui est perpendiculaire à l'axe C X, qui exprime sa direction. Or supposant que l'Architecte qui doit la construire, se détermine à une courbe pour le ceintre d'une de ces trois positions, il est évident qu'*il n'est plus le maître du contour des deux autres*, si la voûte doit être exactement cylindrique, sans irrégularité ; car s'il fait celui du milieu D R O en demi-cercle, il fait un demi-cylindre *droit* dont les autres sections sont des ellipses plus ou moins alongées dans le rapport des diametres A B & E F, qui sont leurs grands axes, déterminés par l'obliquité, & dont le demi-petit axe est égal au rayon de l'arc *droit* I R. Puisque H G est parallele à C X, les clefs devant être à même hauteur, ou distance de l'axe CX; ce qui constitue, sur les faces, deux ceintres plus & moins surbaissés.

Mais si, par quelque raison, on fait un des ceintres des bouts, par exemple AHB, circulaire, les deux autres seront elliptiques, DRO surmonté, parce que AB est plus grand que DO, & FE surbaissé, parce que FE est plus grand que AB, par la supposition.

D'où il suit qu'avant que de faire aucune projection, il faut se déterminer au choix du ceintre d'où doivent dépendre les courbures des autres; ce ceintre s'appelle, par cette raison, le *primitif*, & les autres les *secondaires*.

Les motifs de ce choix peuvent être différents; si l'on a en vue la plus grande régularité de la concavité, ou *doele* de la voûte, on doit choisir le ceintre perpendiculaire à sa direction; on l'appelle par cette raison *l'arc droit*, en ce que son plan est *droit*, c'est-à-dire perpendiculaire à tous les joints de lit; mais si quelqu'une des extrémités du berceau est apparente, on peut se déterminer à faire son contour circulaire; quelquefois aussi l'assujettissement de la hauteur de la clef d'une voûte, engage à choisir un ceintre surmonté ou surbaissé.

De l'Arc Droit.

Tout ceintre de quelque courbure que soit son contour, dont le plan est perpendiculaire à la direction d'une voûte cylindrique, ou à la tangente d'une annulaire, comme un berceau tournant, est appellé l'*arc droit*.

Par la même raison, celui qui est perpendiculaire à la tangente d'une surface concave ou convexe tournant annulairement ou circulairement, comme à une naissance de sphere ou de sphéroïde, doit être appellé son *arc droit*; parce que la perpendiculaire à cette tangente fait avec l'arc qu'elle coupe deux angles, de part & d'autre du point d'attouchement, qui sont infiniment peu différens de l'angle droit, l'angle de la tangente avec la courbe étant infiniment aigu.

D'où il suit que tout cercle majeur dans une sphere peut-être appellé un *arc droit*.

Dans un sphéroïde fait par la révolution d'une demi-ellipse sur un des axes, tous les arcs qui passent par l'axe de révolution, sont des *arcs droits*.

Mais dans un ellipsoïde, dont la section perpendiculaire à l'axe est une ellipse, il n'y a que deux *arcs droits*, sçavoir ceux qui passent par les axes de l'ellipse transfversale, & celui de l'ellipsoïde, parce que les autres plans qui sont perpendiculaires à une tangente de cette ellipse transversale, hors des axes, ne passent point par l'axe de l'ellipsoïde.

Il suit de cette définition, qu'il ne peut y avoir d'*arc droit* dans une voûte conique, parce que les côtés du cône étant convergens, il ne peut y avoir de surface plane transversale qui soit perpendiculaire à tous, mais à un seul d'entr'eux; car le triangle par l'axe ne peut être appellé un arc droit, puisque ses côtés sont rectilignes.

Par la même raison, l'*arc droit* d'un berceau en *descente* ne peut être parallele à une face verticale ; ce qui mérite attention en bien des rencontres.

USAGE.

La propriété de l'*arc droit* est de déterminer l'exacte figure de la concavité de la doële de part & d'autre de ce ceintre, dont le plan, c'est-à-dire la surface plane dans laquelle il est, étant à angle droit sur sa direction, sera perpendiculaire à tous les joints de lit qui sont les côtés du cylindre, & les arrêtes des voussoirs seront les sommets des angles mixtes infiniment peu différens des droits ; ce qui est nécessaire, comme nous l'avons dit, pour la solidité
de

de la construction, & l'égalité de la résistance des pierres taillées sur le même modele d'ouverture de ces angles mixtes, qu'on peut estimer comme *droits* ; ces modeles sont des instrumens appellés *biveaux*, dont nous parlerons dans la suite de cet Ouvrage.

Regles du dessein de l'épure, concernant le plan ou la projection horizontale.

I.

Dans toutes les voûtes où le ceintre de face & l'arc droit sont inégaux, il faut commencer par se déterminer au choix de celui des deux auquel on doit avoir plus d'attention pour en faire le ceintre primitif.

On a donné ci-devant la raison de cette regle, lorsqu'on a parlé de la dépendance mutuelle des ceintres respectifs, différens dans une même voûte biaise par ses faces. On peut ajouter ici que dans les berceaux en descente, le rapport de l'*arc droit* au ceintre de face est tout différent. Si l'on fait le ceintre de face circulaire, l'arc droit devient surbaissé ; parce que le diametre de l'un & de l'autre étant égaux en largeur, & en situation horizontale, les demi-diametres de hauteur, quoique dans un même

Tome II. D

plan vertical, ne font pas paralleles entr'eux, mais convergens du côté de l'axe auquel celui de face CH eft oblique, par conféquent plus grand que celui de l'*arc droit* OD ; parce que faifant C*d* parallele à OD, C*d* eft à CH, comme le côté d'un triangle rectangle eft à fon hypoténufe.

Fig. 140.

D'où il fuit que les confidérations de convenance pour la beauté de l'arc de face, font encore affujetties à la hauteur d'une montée à donner à l'arc droit. Si on faifoit celui-ci circulaire, il en réfulteroit un ceintre de face de defcente furmonté, lequel, fi la voûte étoit extradoffée, occafionneroit ou une irrégularité dans la doele, ou une difformité à la clef, ou le bandeau feroit de largeur inégale depuis les impoftes, ou elle feroit plus petite qu'à la clef, comme nous l'avons démontré des ellipfes *afymptotiques*, formées par la fection oblique d'un cylindre creux d'égale épaiffeur ; de forte qu'il faudroit plier la fuite de la furface de l'extrados pour retrancher cet excès de largeur.

On verra ci-après que lorfque les murs font en talud, il importe fort de fe déterminer au choix du ceintre primitif, parce que, fi l'on veut faire une ouverture circulaire, on ne peut en faire la projection fur une ligne droite, elle devient elliptique, fort alongée, selon que le talud est plus ou moins couché. Cette détermination est encore plus importante, si l'on veut faire une porte cylindrique dans une tour ronde, concave ou convexe; car alors le ceintre de face apparente devient une courbe à double courbure qui est un *cicloïmbre*, si la tour est sans talud, mais un *ellipsoïdimbre*, si la tour est en talud, & la direction de l'axe de la baie de la porte oblique, comme on l'a démontré dans le premier Livre.

SECONDE REGLE.

Diviser le ceintre primitif en autant de parties égales, au moins de part & d'autre du milieu, qu'on voudra avoir de rangs de voussoirs & régulièrement en nombre impair.

S'il s'agissoit d'opérer géométriquement, cette division en parties égales entre elles & en nombre impair, seroit souvent impossible, lorsqu'elle dépend de la trisection d'un angle : mais cette grande précision étant inutile dans l'art de l'Appareil des voûtes, on la fait en tâtonnant.

La raison de cette imparité est qu'il faut laisser au milieu un rang de voussoirs également appuyés sur ses collatéraux de droite & de gauche, qu'on appelle la *clef*, il n'y a qu'un cas où on n'observe pas cette regle générale, c'est dans l'appareil d'une voûte sphérique établie sur un quarré, où il se trouve un joint au milieu des pans, comme on le verra lorsqu'on parlera de cette espece de voûte.

Il faut encore excepter de cette regle de division de voussoirs en nombre impair, les arcs *rampans* qui ont plus de voussoirs d'un côté que de l'autre, mais cependant dont le sommet doit être occupé par une clef qui s'appuye de même, également de part & d'autre.

TROISIEME REGLE.

Diviser les arcs extérieurs & intérieurs du ceintre primitif qui comprennent l'épaisseur de la voûte en parties proportionnelles, par des perpendiculaires à ces arcs aux points de leurs divisions, pour régler l'inclinaison de leurs joints de tête, & par conséquent les lits des voussoirs dont ils terminent les surfaces.

Cette direction des divisions est toute naturelle dans les têtes des voûtes cylindriques, parce qu'il ne s'agit que de tirer par les points de l'arc extérieur ou intérieur des lignes tendant au centre, qui sont les rayons du cercle de la base du cylindre, parce que le rayon est toujours perpendiculaire sur tous les arcs concentriques, par

DE STEREOTOMIE.

conséquent il les divise proportionnellement.

Mais si ces ceintres sont elliptiques, comme il arrive dans les cas où leur plan est oblique à l'axe, cette division proportionnelle des arcs de l'extrados & de la doele, n'est pas si facile ; par deux raisons : la premiere que la ligne tirée du centre d'une ellipse à sa circonférence, ne tombe perpendiculairement sur l'arc que dans les seuls quatre points où se terminent ses deux axes ; ailleurs cette ligne fait deux angles inégaux avec la tangente, un aigu d'un côté & un obtus de l'autre, ce qui est contre la regle que nous avons établie pour la solidité des angles des arêtes des voussoirs.

La seconde, c'est que nous avons démontré que la section plane oblique à l'axe d'un cylindre creux, d'égale épaisseur, fait deux ellipses ; une à l'arête intérieure, l'autre à l'extérieure, qui ne sont point équidistantes, par conséquent point paralleles entre elles ; d'où il résulte que la ligne qui est perpendiculaire à un de ses arcs, par exemple à l'extérieur, ne peut l'être à l'intérieur opposé ; de sorte qu'ils ne peuvent être coupés proportionnellement par une seule ligne droite.

Pour obvier au premier inconvénient, il ne faut pas tirer les joints du centre de l'ellipse, mais mener par le point de division une tangente à cette courbe, comme nous l'avons dit au second Livre & tirer une perpendiculaire à cette tangente par le point donné ; elle sera perpendiculaire à l'arc, par la raison que nous en avons donné, que la tangente fait un angle infiniment petit avec la courbe au point de son attouchement ; de sorte qu'à ce point on peut considérer la tangente & l'arc comme confondus ; en ce cas l'opération est parfaite & géométrique.

Mais lorsque le joint doit couper deux ellipses, comme les arrêtes de la doele & de l'extrados, il est impossible d'opérer aussi parfaitement, par la raison que nous venons d'alléguer : alors il suffit, pour la justesse apparente de l'opération, de tirer le joint au milieu de l'épaisseur ; car les courbes de l'arrête de doele & celles d'extrados n'étant pas paralleles, leurs tangentes ne le seront pas, mais elles feront un angle entre elles ; & si l'on suppose une troisieme ellipse passant par leur milieu, elle sera touchée par une tangente qui fera encore un angle avec les deux autres perpendiculaires, qui sera moyen, je veux dire plus grand que l'un, & plus petit que l'autre ; ce qui suffit pour satisfaire l'œil.

Ceux qui font les ceintres surmontés ou

surbaissés en ovale, composée d'arcs de cercles, qu'on appelle chez les ouvriers *anse de panier*, ne trouvent point cette difficulté de tirer les joints perpendiculairement à la courbe, parce que les arcs de cercles étant concentriques, le joint tiré, part d'un centre commun, & se trouve perpendiculaire à l'arc intérieur tout comme à l'extérieur, puisqu'ils sont paralleles entre eux.

Mais ils tombent dans un autre défaut que personne, que je sçache, n'a relevé; c'est que les sections obliques d'un cylindre, d'épaisseur uniforme, étant plus larges vers le grand axe que vers le petit, comme nous l'avons démontré au Chap. III, Partie I, on ne peut rendre les contours des arrêtes extérieures & intérieures paralleles entre deux, sans altérer l'épaisseur de la voûte, ou en la diminuant vers la clef, ou en l'épaississant vers les impostes; ce qui est évidemment contre la régularité. C'est delà que sont venus les erreurs grossieres des Auteurs des Traités de la coupe des Pierres dans les traits des voûtes ellipsoïdes, c'està-dire surhaussées ou surbaissées sur un plan ovale, comme nous l'avons démontré dans notre second tome, au quatrieme livre de Stéréotomie.

Or puisque de tels ceintres *d'anse de pa-*

nier ont de fausses imitations de l'ellipse; il suit que les joints de tête tirés des centres des portions d'arcs de cercles ne peuvent avoir la même direction que ceux d'un *arc droit* circulaire; par conséquent les surfaces des lits ne seront plus planes, mais courbes, de cette courbure qu'on appelle *gauche*, parce que les côtés opposés de leurs surfaces ne sont pas paralleles, au moins dans leur projection, où leurs courbes se croisent.

La raison de la regle qui prescrit des divisions proportionnelles & perpendiculairement aux tangentes, est fondée sur ce que les lits des voussoirs étant également inclinés à l'horizon, l'impulsion de la pesanteur sur les côtés est uniforme de part & d'autre, & par conséquent fait le même effort sur les pieds droits, qui en empêchent l'écartement, s'ils sont de force suffisante, relativement à la charge & à leur hauteur.

Secondement, parce que les angles des arêtes étant égaux entre eux, & également pressés, la pierre n'est pas plus sujette à casser au lit de dessus qu'au lit de dessous; inconvénient qu'on voit arriver aux clavaux des plattes-bandes, lorsqu'on ne corrige pas la nécessité qu'il y a de faire les angles des arêtes de suite d'ouverture inégales, l'un aigu, l'autre obtus, par un pli du joint.

Quatrieme Regle.

Abaisser des perpendiculaires de chacun des points de divisions de l'arc extérieur, & de l'intérieur sur le diametre commun prolongé, s'il le faut, pour en avoir la projection sur une ligne droite.

Soit AB le diametre commun des contours du ceintre à l'extrados AHB, & à la docle ou intrados DIE.

Fig. 141.

Ayant divisé ces contours proportionnellement, comme on vient de le dire, on abaissera des perpendiculaires des points 1, 2, 3 de l'extrados, qui couperont le diametre aux points *a*, *b*, *d*, lesquels seront leurs projections. On en usera de même pour l'intrados aux points 4, 5, 6, qui donneront pour leurs projections *b*, *c*, *e*, parce que dans cette figure la perpendiculaire 2 *b* passe par hazard sur le point 4; de sorte que le point *b* représente les deux de l'extrados 2, & de l'intrados 4.

On a remarqué ci-devant que si la tête, ou face d'entrée de la voûte est en talud ou en surplomb, la projection de ses divisions en voussoirs ne peut se faire sur son diametre, ni sur aucune ligne droite, mais au contour d'une ellipse plus ou moins arrondie, suivant le plus ou moins d'inclinaison du plan de cette face.

La raison de cette opération est qu'elle fournit un moyen de trouver les distances horizontales Aa, ab, bc, de d'un triangle rectangle vertical, dont chaque perpendiculaire est la hauteur & dont l'hypoténuse est la corde de l'arc du ceintre, laquelle est ainsi déterminée à plus ou moins d'inclinaison, suivant le rapport des deux jambes qui comprennent l'angle droit ; ce qui donne le surplomb des doeles de chaque rang de voussoir, soit en somme, soit en particulier ; & de plus l'inclinaison des joints de lits ; car si de la hauteur de l'extrados a 1, on ôte celle de la doele 4. b, on aura la différence f 4, qui est la hauteur d'un autre triangle rectangle vertical f 1 4, dont tous les côtés sont connus, & par conséquent l'angle f 4 1, qui est celui de l'inclinaison de la surface du lit 1 4; car f 4 = ab, donne à la projection f 1, différence des hauteurs trouvées, & 1, 4 est la largeur du lit de dessus du premier voussoir, & l'angle obtus 1 : 4 : b, qui est celui de l'àplomb & du lit, est le supplément à deux droits de l'angle f. 1.4 = 1. 4. 2 son alterne.

Cette regle de pratique est la fondamentale

DE STÉRÉOTOMIE. 59

de toutes les projections; on la trouvera répétée à chaque *trait* de la Coupe des Pierres.

Il faut seulement remarquer que, quoique les lignes ne soient pas àplomb ou de niveau, les unes à l'égard des autres, il suffit qu'elles soient mutuellement perpendiculaires, pour donner les mêmes résultats de projection; ainsi on peut, pour la commodité du papier, ou de la surface destinée à tracer l'épure, faire le trait sans niveau, ni àplomb, mais seulement avec une équerre en situation quelconque.

CINQUIEME REGLE.

Mener par les points de projection des divisions des ceintres des lignes parallèles à la direction de la voûte, soit qu'elle soit droite, soit qu'elle soit courbe tournante, si les voûtes sont de largeur uniforme, ou concourant à un même point, si elles sont de largeur inégale, comme les coniques entières ou tronquées, pour exprimer sur le plan horizontal la position relative des joints de lit.

Cette opération est fort simple & facile dans les voûtes droites, comme les berceaux où il ne s'agit que de tirer des parallèles à son axe, c'est-à-dire à la ligne du milieu, ou à un des côtés.

S'il s'agit d'une voûte en berceau tournant, ces lignes paralleles feront des cercles concentriques : s'il s'agit d'une voûte fphérique, ce fera encore la même chofe fi les lits font par rangs de niveau.

Mais fi ces rangs font inclinés ou verticaux, comme lorfqu'on fait des *voûtes fphériques fermées en polygone quelconque*, les projections deviennent différentes du cercle ; ce font ou des ellipfes pour les inclinés, ou des lignes droites pour ceux qui font dans un plan vertical, comme aux niches fphériques appareillées en éventail, ou aux fphériques entieres, dont les pôles font à l'impofte.

Quant à la derniere efpece de voûtes, qui font les coniques, telles font les *trompes*, ou des berceaux refferrés, fuivant leur direction en cônes tronqués, comme celui de l'efcalier du Vatican à Rome, il n'eft pas aifé d'en tracer la direction, parce que le point de concours des joints de lit eft fort loin au delà de l'extrêmité de la voûte, auquel cas il faut chercher cette direction convergente par une pratique de Géométrie qu'on trouvera dans le Problême fuivant.

DE STÉRÉOTOMIE. 61

PROBLEME I.

Par un point donné auprès de deux lignes convergentes, en tirer une troisieme qui tende au même sommet de l'angle, qu'elles feroient si elles étoient prolongées jusqu'au point de leur concours.

Soient données les lignes AB, CE inclinées entre elles & le point D, entre les deux, comme à la fig. 142, ou au dehors, comme à la seconde 143. On tirera, à volonté, par ce point, une ligne ADC ou DAC, qui coupe les deux lignes données en A & C, à laquelle on menera une parallele BE prolongée au dehors, s'il le faut, & à telle distance qu'on voudra de la premiere : on tirera ensuite les diagonales AE, BC par les points où cette parallele coupe les lignes données qui se croiseront en H. Du point D par H on tirera l'indéfinie DG qui coupera BE en G, si l'on transporte la longueur GE de B en X, la ligne DX sera celle que l'on cherche.

Fig. 143.

La démonstration en est simple à cause des triangles semblables ADH, EGH; on aura AD : EG comme AH. EH, par la même raison des triangles semblables ACH, EBH; on aura AH : EH : : AC : BE; donc AD : EG=BX : : AC : BE. Ce qu'il falloit démontrer.

La raifon de la regle dont il s'agit, eft que les vouffoirs qui, pour la folidité, doivent être couchés fuivant la direction de la voûte, doivent y être alignés par rangs uniformes dans leur largeur, ou diminuer proportionnellement, afin que le nombre foit le même à un bout qu'à l'autre, fi le berceau fe rétrecit.

Lorfque les joints des lits font de niveau, on trouve leur mefure fur la projection horizontale, ce qui eft fort commode pour l'appareil; mais s'ils font inclinés comme dans les berceaux en defcente, ou dans les voûtes coniques, cette projection ne fert qu'à fournir une bafe au triangle rectangle, dont l'hypoténufe détermine leur véritable longueur; ce que nous expliquerons en parlant du profil.

Il fuit de cette regle que les joints de lits doivent être continués en ligne droite, d'un bout à l'autre de la voûte; ce qui conftitue une différence de ces joints à ceux des têtes ou de doele qui font tranfverfaux, lefquels font continuellement interrompus pour la liaifon qui eft obfervée pour la folidité : cependant j'ai vu un exemple du contraire à une arche de l'ancien pont d'Avignon, fur le Rhône, dont les joints de doële étoient continués en déliaifon alignée parallélement en ceintres, en quatre parties; ensorte qu'il paroissoit composé de quatre arcades indépendantes les unes des autres, quoique de même hauteur, dont une pouvoit s'affaisser & même tomber sans entraîner les autres: ce qui ne peut arriver dans une voûte où l'on observe les liaisons suivant l'usage ordinaire.

Les lignes de projection des divisions du ceintre doivent être premiérement faites sur l'arc intérieur de la doele, où les joints sont apparens; cela n'empêche pas qu'on ne doive en faire de semblables à l'arc extérieur ou extrados, si l'on veut faire la voûte d'épaisseur uniforme, comme l'on voit dans la fig. 141; ce qui donne aussi des lignes parallèles à la direction, par conséquent à celles de la doele qui le sont à la même.

COROLLAIRE.

D'où il résulte que les surfaces des lits sont toujours des surfaces planes, puisqu'elles doivent nécessairement passer par deux lignes parallèles entr'elles (par la 7e prop. du 11e liv. d'Eucl.); ce qui arriveroit encore si la voûte avoit plus d'épaisseur vers les reins, que vers la clef.

Et parce que les projections de joints de lit des voûtes courbes suivant leur direction, comme les voûtes sphériques, & celles fur le noyau, font auſſi entre deux arcs de cercles paralleles & concentriques; il fuit que les furfaces des lits qui font concaves & convexes, font des portions de zones, de cônes, ou de conoïdes, parce que la direction du lit de la doele à l'extrados eſt une ligne droite, leſquelle zones doivent auſſi être de largeur uniforme, ſi les rangs des lits font en ſituation de niveau, c'eſt-à-dire, dans un plan horizontal.

COROLLAIRE II.

Par une fuite de la comparaiſon de la projection des joints de lit de la doele & de l'extrados, on voit au contraire qu'il eſt des cas où les lits doivent être des furfaces *gauches*, ce qui eſt contre la regle générale de l'appareil des berceaux cylindriques, & des coniques tronqués : un de ces cas eſt lorſque le berceau eſt de différens ceintres d'un bout à l'autre ; par exemple, une deſcente dont le bas eſt en plein ceintre, & le bout du haut eſt furbaiſſé ou furmonté ; quoique ces deux ceintres foient paralleles entr'eux, c'eſt-à-dire, dans des plans paralleles, parce qu'alors les projections des joints de lit ne font plus paralleles, les ceintres oppoſés n'étant pas diviſés proportionnellement, quoiqu'en même nombre de vouſſoirs, parce qu'on les ſuppoſe de

courbes

courbes différentes, où le rayon du cercle qui fait le joint de tête, ne peut-être perpendiculaire ailleurs qu'aux axes du contour du ceintre elliptique; ce que l'on reconnoîtra mieux dans les regles du profil & de l'élévation auxquelles nous allons passer.

CHAPITRE I.

De la projection sur un plan vertical, en termes de l'art.

Du profil & de l'élévation.

On a vu, dans le chapitre précédent, que de la seule projection horizontale on ne pouvoit tirer, tout au plus, que deux mesures d'un corps qu'on veut représenter; sçavoir, la longueur & la largeur horizontale : il faut donc avoir recours à une seconde projection, semblable dans sa construction, mais tournée différemment à l'égard de l'horizon, pour exprimer la hauteur & la largeur qui lui est relative, & qui peut varier dans son élévation, parce que dans la précédente projection on n'a pu en exprimer que la base; telle est, par exemple, celle d'une pyramide; & même ces deux représentations, jointes ensemble, ne peuvent pas toujours fournir toutes les mesures nécessaires à la formation du corps qu'on se propose de former, ou tirer d'un plus grand, soit en taillant une pierre ou du bois, ou en y ajoutant, comme lorsqu'on modele avec de la terre, ou du plâtre.

Pour montrer l'insuffisance d'une seule projection, il suffit de faire remarquer que les corps différens ont souvent des projections égales, soit horizontalement, soit verticalement, (car l'une & l'autre ne diffèrent que de situation & de nom), ainsi un cube, un parallélepipede rectangle, une pyramide sur sa base, ou renversée sur sa pointe, ont également un quarré pour projection.

Voyez la Pl. 11. pag. 41.
Voyez les Figur. au commencement de la Pl. 10.

Une sphere, un cône sur sa base, ou renversé sur sa pointe, un cylindre entier ou tronqué obliquement, & une vis ont également un cercle pour projection; un anneau, une vis en hélice, ou une colonne torse fort évuidée, ont également une couronne de cercle pour projection ; ainsi on peut s'y tromper si l'on n'y joint une autre projection perpendiculaire au plan de la premiere, c'est-à-dire, que si l'un est horizontal, l'autre doit être vertical pour exprimer celle des trois dimensions du solide qui manquoit à la premiere représentation. Ces deux projections étant jointes ensemble, comme on voit à la planche 11, on en connoît ordinairement les trois mesures, longueur, largeur & hauteur; les unes dans ce qu'on appelle le plan, & les autres dans le profil ou élévation.

Cependant ces deux représentations, jointes ensemble, ne suffisent pas encore pour donner une pleine connoissance de la figure & des dimensions de la plûpart des corps; car s'ils sont compris dans des surfaces inclinées, ou courbes, les mêmes projections horizontales & verticales peuvent provenir de corps de figures différentes, comme un triangle peut également représenter un cône & une pyramide, un parallélogramme peut être également la projection d'un cylindre, d'un prisme quadrangulaire ou triangulaire, ou de tout autre polygone & d'un voussoir compris par des surfaces partie planes, partie concaves & convexes: ainsi à deux projections horizontales & verticales, il en faut souvent ajouter une troisieme sur un plan vertical, tourné différemment à l'égard de l'horizon; par exemple, si l'un est tourné au nord ou au sud, un autre tourné à l'est ou à l'ouest, c'est-à-dire, au levant ou au couchant; encore arrive-t'il souvent que ces différentes représentations ne donnent

E ij

pas toutes les mesures des surfaces qu'on cherche, comme lorsqu'elles sont inclinées à tous ces différens plans de projection ; tel est un cube posé en équilibre sur un de ses angles, aucune de nos projections ne fourniroit la mesure de son côté sans une opération particuliere sur sa diagonale qui seroit la seule dimension donnée. Cependant comme en Architecture toutes les opérations se réduisent à celles de niveler & de plomber, après avoir donné des regles pour la premiere, qui est le plan, il convient d'en donner pour la seconde, concernant les élévations & les profils.

Premiere regle de projection verticale d'élévation ou profil.

Un ceintre AHB supposé en situation verticale étant donné avec ses divisions en nombre de voussoirs, il faut élever sur l'extrêmité du diametre AB une verticale BV, à laquelle on menera des perpendiculaires par les points de division 1, 2, 3, & par le sommet H, qui couperont cette verticale aux points B, 4, 5, 6, V.

Fig. 141.

Cette opération est si semblable à celle de la projection horizontale qu'elle n'a pas besoin d'explication, puisqu'elle ne differe que dans la position des lignes, en changeant l'à-plomb pour le niveau, ce qu'on apperçoit en tournant la figure sur le côté, comme si l'on vouloit faire la projection de l'arc convexe H 2 B, sur la ligne B V tangente à cet arc, au lieu que pour le plan elle se fait sur le rayon CB, opposé à sa concavité.

D'où il résulte un effet tout contraire ; car la projection se resserre ici de plus en plus depuis le point B au sommet H ; en sorte que V 6 est le plus petit intervalle, & dans la projection horizontale, PC, provenant du même arc H 3, est le plus grand.

Où il faut remarquer qu'il n'est pas de l'essence du profil que la ligne de projection B V soit verticale : elle peut être inclinée à l'horizontale CB, comme lorsque la face d'un berceau est en talud ; mais il faut que la ligne de profil inclinée comme BT soit dans un plan vertical, répondant à la ligne du milieu CH, qui est le rayon vertical du berceau : alors la circonférence du ceintre qui provient de cette projection n'est plus un cercle comme le primitif AHB, mais une *ellipse surmontée*, parce que la ligne du milieu BT est plus grande que CH, parce qu'elle est inclinée entre les deux paralleles horizontales HT, CB.

Si au contraire on vouloit que le ceintre en talud fût circulaire, il en résulteroit que le ceintre AHB deviendroit surbaissé, &

le diametre AB plus grand qu'il n'étoit, ou le rayon BT plus petit de la longueur KT ; d'où l'on connoît la néceſſité de ſe déterminer à un ceintre primitif, comme nous l'avons dit à la premiere regle de projection ; car ſi on veut faire le ceintre en talud circulaire, il faut reporter ſur la ligne BT, toutes les diviſions de projection de la ligne BH, par des arcs de cercles tirés du point B pour centre, comme VK, 6.9, 5.8, 4.7, pour avoir les diviſions du ceintre en talud B, 7, 8, 9, K, qui donnent des à-plombs plus petits, ces points étant plus bas que les points V ; 6, 5, 4 ; d'où il réſulte que, quoique la face du berceau ſoit circulaire, l'*arc droit* ſera ſurbaiſſé au dedans.

La raiſon de cette opération eſt toute ſimple ; elle ſert à trouver la troiſieme dimenſion qui eſt la *hauteur* du corps, dont la projection horizontale n'avoit pu donner que la longueur & la largeur.

COROLLAIRE ET USAGE

Sur les relations néceſſaires du profil avec le plan.

C'eſt de ce profil, comme d'une préparation néceſſaire que l'on tire la maniere de faire les projections de faces inclinées au plan horizontal, dont nous n'avons pu parler dans l'Article précédent, avant qu'il fût préſuppoſé, parce que les demi-cercles inclinés à l'horizon ont pour projection des ellipſes plus ou moins arrondies, ſuivant le plus ou moins d'inclinaiſon du plan dans lequel eſt le ceintre primitif d'un berceau, qu'on ſuppoſe ordinairement être une courbe donnée dans un plan vertical, & le plus ſouvent un demi-cercle diviſé en ſes vouſſoirs, comme A H B aux points 1, 2, 3, H d'un côté de la clef, & autant de l'autre, à même hauteur correſpondante. *Fig. 142.*

Or repréſentant le plan du ceintre vertical par la ligne V B, elle en ſera le profil, & les points 4, 5, 6, V, où cette ligne eſt coupée par les horizontales 3.6, 2.5, 1.4, repréſenteront en profil les diviſions 1, 2, 3, de même hauteur au deſſus du diametre A B, avec lequel la ligne B T, fait l'angle obtus, donné A B T du plan incliné, & l'angle V B T aigu avec un plan vertical. C'eſt de celui-ci pour terme que l'on meſure les écartemens des points correſpondans des hauteurs des diviſions du ceintre primitif 1, 2, 3, H, ſur les horizontales H T & ſuivantes, ſçavoir V T, 6 K, 5 k, 4 i, qui ſont autant d'ordonnées à l'axe E D de l'ellipſe à faire, ſi le berceau eſt droit,

E iv

c'est-à-dire dont la face AHB est perpendiculaire à la direction de son axe CM. Ainsi en portant ces distances sur les projections des joints de lits correspondans, sçavoir VT en Mt, 6K en oL, 5k en pk, 4i en qi, on tracera la demi-ellipse par les points tLKIE d'un côté de la clef t & tD, de même de l'autre, parce que dans ce cas ED est le grand axe, & Mt la moitié du petit : mais si le berceau est oblique, comme un demi-cylindre scalene, les axes ne sont plus donnés ; comme si le plan horizontal étoit abFG ; les deux quarts de l'ellipse Ft & Gt ne seront plus semblables : le premier sera plus couché que le second, parce que les deux diametres trouvés ne sont pas des axes, mais les diametres conjugés dont il n'y a que le grand FG donné ; la moitié du conjugé est bien donnée de position au plan horizontal en Xm sur l'axe, mais sa longueur ne l'est pas ; il faut la chercher en faisant sur AC, prolongée une perpendiculaire au, sur laquelle on portera de suite les écartemens du talud VT en uR, 6K en 3R, 5k en 2R, 4i en 1R, & par les points 1, 2, 3 V, on tirera des paralleles aFG, qui couperont les projections horizontales de l'axe & des joints de lit aux points xyz d'un côté, & SYZ de l'autre, par lesquels

Fig. 141.

on tracera la demi-ellipse F*i*G que l'on cherche.

La raison de cette différence de projections consiste en ce que, quand on mesure le talud, on le prend toujours quarrément, c'est-à-dire, perpendiculairement à un plan vertical supposé passer par le diametre horizontal; ainsi les projections obliques sont plus longues que les perpendiculaires dans le rapport de X*i* à M*i*. Au reste on voit que les opérations du profil n'ont pour but que de trouver la troisieme dimension des corps, qui est la hauteur.

Seconde Regle.

Lorsque plusieurs berceaux de différentes directions aboutissent les uns aux autres, & que la projection verticale du ceintre primitif est faite suivant la regle précédente, il faut *mener par les points de division du profil donné, des lignes parallèles à chacune des directions des différens berceaux jusqu'à la diagonale de l'angle que font les deux directions contiguës, sur laquelle elles donneront des points de nouvelles divisions, par lesquels on reproduira d'autres parallèles à la direction du berceau contigu.*

Fig. 145.

Soit, par exemple, une entrée de berceaux de niveau CHDI, qui conduit à un escalier voûté d'un berceau en descente IDEF, terminé par un autre sur un palier de niveau FEGK, qui détourne à droite ou à gauche; il s'agit de faire les profils de ces berceaux différens, supposés coupés par le milieu de leur hauteur, & tracer les contours des ceintres de leurs rencontres & de leurs *arcs-droits*, dont les demi-diametres sont donnés d'inégales hauteurs. Ayant tracé une moitié du ceintre primitif avec ses divisions en voussoirs, comme ACH en 1, 2, 3 ; on menera par ces points de divisions des lignes parallèles à la direction CI, qui rencontreront la ligne de profil de la face CH aux points e, f, g, & la diagonale DI de l'angle de montée CIO aux points d, d, par lesquels on reproduira d'autres parallèles à la direction de montée IF, qui rencontreront la seconde diagonale EF aux points r, u, x, par lesquels on reproduira d'autres parallèles à la direction du palier FK, qui rencontreront la face du palier supérieur aux points G, y, t, s, qui donneront les hauteurs des divisions du ceintre de cette face, & si on prolonge au dehors indéfiniment ces parallèles, qu'on les fasse égales aux ordonnées du ceintre primitif; sçavoir, $s\,1$ égale à $1\,e$ du bas, $t\,2$ égale à $2\,f$, & $y\,3 = 3\,g$ du bas, on aura le contour du ceintre du palier su-

Fig. 145.

périeur à moitié, en menant une courbe par les points trouvés G 3, 2, 1 b, qu'on suppose ici surbaissée, si l'on veut, suivant un demi-diametre donnée KG, plus petit que CH, supposant que le passage du palier supérieur fût assujetti à une moindre hauteur que celui du bas, comme il arrive assez ordinairement par l'inégalité des étages, dont les seconds sont moins hauts que les premiers.

Comme l'égalité ou l'inégalité de la concavité des berceaux qui aboutissent les uns aux autres, dépend de la position des diagonales ID FE des angles de leurs directions CIF, IFK, si l'on veut que la partie du berceau CHDI soit également concave que le suivant en montée IDEF, il faut diviser l'angle obtus CIF en deux, également par la diagonale ID, parce qu'alors la reproduction de la premiere parallele de sommité HD par le point de section D avec la diagonale DI sera DE, autant éloignée de l'imposte IF que HD l'est de CI ; ce qui donne les demi-diametres des *arcs droits*, CH & RO égaux entre eux : mais si la diagonale est plus panchée d'un côté que de l'autre, comme EF dans l'angle DEG, & plus près de EG que de ED; alors la ligne de sommité DE parallele à IF, rencontrera plutôt la diagonale EL de l'angle supérieur DEG, que celle de l'inférieur de l'imposte IFK qui est FZ de la distance des diagonales LE, FZ, qui partagent ces angles en deux également ; d'où il résulte que l'intervalle des paralleles de sommité, à l'égard des impostes, donnent des demi-diametres *d'arcs droits*, OR & KG, inégaux & par conséquent que le ceintre supérieur est surbaissé, comme on le voit à la moitié KG*b*, quoique celui du berceau en descente soit circulaire comme ACH, parce que la largeur CA ou K*b* étant égale en haut & en bas, l'inégalité du ceintre tombe sur la différence de hauteur, laquelle étant moindre, rend la voûte du palier supérieur moins concave, quoique jointe exactement à la suivante en descente, qui est plus concave.

Il suit de cette observation, que pour faire le profil, il faut se donner la hauteur GK, & tirer la parallele de sommité GE jusqu'à la rencontre de celle DE qui est indécise vers E ; & du point de leur rencontre en E, on tirera la diagonale EF de l'angle rentrant supérieur à l'angle saillant F de rencontre des impostes IF & FK, pour avoir les points de sections des lits en rampe *dr, du, dx*, avec cette diagonale en F, *r, u, x*, E, d'où l'on reproduira leur suite de niveau en FK, *rs, ut, xy*,

EG; ce qu'il falloit faire pour achever le profil de la suite des joints de lit qui doivent couper proportionnellement les diagonales DI & EF.

Par le moyen de ces points de division on peut décrire tous les différens ceintres de ces berceaux; sçavoir, ceux de face CH & GK, qui sont aussi les *arcs droits* des deux portions de berceau de niveau, l'*arc droit* RO du berceau en descente, & les deux arcs de rencontre de ces trois berceaux, dont les diagonales DI & EF sont les demi-diametres divisés proportionnellement aux autres.

Par ces points de division on a toutes les abcisses de ces différens cercles & ellipses, & parce que la largeur est uniforme aux impostes; on a dans le ceintre primitif A 2 C, toutes les ordonnées qu'on doit appliquer perpendiculairement aux différens diametres donnés sur les points des divisions trouvés *d, d, d*, dans la premiere diagonale DI, *r u x* dans la seconde, & *s t y* dans l'arc de face supérieure, ou G*b*=AH, *s* 1=1 *e*, *t* 2=2 *f*, & *y* 3=3 *g*.

Par ces applications on formera le ceintre de rencontre DI, qui est celui de *l'arête* en *saillie*, que font les surfaces des deux doëles concaves, & celui de rencontre de la rampe & du niveau du palier, dans l'angle *rentrant*, appellé *en arc de cloître*. Ainsi on décrira cinq ceintres de contours différens. 1°. Sur le demi-diametre CH primitif circulaire, si l'on veut. 2°. Sur le demi-diametre ID elliptique surmonté, parce que ID est plus grand que CH. 3°. Sur le demi-diametre OR perpendiculaire à IF, l'*arc droit* égal à CH circulaire. 4°. Sur le demi-diametre FE surmonté, parce qu'il est plus grand que RO. 5°. Enfin sur le demi-diametre KG surbaissé, parce qu'il est plus petit que CH par la supposition.

SCHOLIE.

Si la rencontre de ces berceaux supposés en hauteur sur un plan vertical, étoit supposée sur un plan horizontal on opéreroit de même : il n'en résulteroit d'autre différence que celle que nous avons remarquée au commencement de ce Chapitre, que celle de la largeur des joints de lits qui s'élargiroient par la projection horizontale vers le sommet, au lieu que dans la verticale les mêmes se rétrecissent.

Des profils des berceaux à double obliquité horizontale & verticale.

Nous n'avons supposé jusqu'ici qu'une seule obliquité de direction, ou à l'égard du plan horizontal, appellé *biais*, en terme de l'art, ou d'une obliquité à l'égard du plan vertical qu'on appelle *talud* ou *furplomb*; l'une couchée en arriere, l'autre en devant; ce qui arrive quand un berceau inférieur appuie le bout d'un incliné en defcente.

Mais il eft des obliquités compofées de l'une & de l'autre qu'on ne peut exprimer ni dans le plan horizontal, ni dans le profil fur aucun vertical, fans raccourcir les mefures de l'un ou de l'autre, telles font celles du *biais & talud*, joints enfemble, ou de la *defcente & du biais*; parce qu'alors le plan de defcription étant parallele ou perpendiculaire à une des directions, ne peut l'être à l'égard de l'autre. On verra dans le 4e. livre de ma Stéréotomie comment on en fait le *trait* aux voûtes qui font dans pareil cas: mais comme nous voulons donner dans ces Élémens des regles générales de pratique, nous allons en établir pour fimplifier cet objet qui eft fort compofé.

Probleme I.

Réduire toutes les différentes obliquités des berceaux, rassemblées en une, où l'on puisse trouver les mesures que l'on cherche par le profil, c'est-à-dire, le biais, talud & descente en un seul biais.

Ce Problême est la révélation du mystérieux secret de *Desargues*, qu'il a caché sous les noms impropres que l'on trouve dans le Livre de la *Coupe des Pierres* de son disciple *Bosse*, que personne n'avoit pu entendre, comme le dit *la Rue*.

Premiérement, si l'on fait abstraction du rapport qu'une obliquité peut avoir, étant comparée à un plan vertical ou horizontal, on conçoit sans peine qu'elle peut être exprimée par un seul profil, d'un cylindre coupé suivant son axe, par le grand axe de l'ellipse, qui en est la section oblique.

Mais s'il s'agit de comparer ce grand axe à des situations relatives à un plan vertical & à un plan horizontal, il peut arriver que n'étant parallele ni à l'un, ni à l'autre, son inclinaison participera plus ou moins de l'une que de l'autre, & pourra être exprimée sur chacun par une projection, qu'on appellera dans le plan horizontal *biais*, &
dans

dans le vertical *talud* ou *surplomb*, montée ou *descente*.

Pour se débarrasser de l'idée de cette complication, il faut considérer une voûte comme un cylindre mobile coupé obliquement, que l'on tourneroit sur son axe; en sorte que l'ellipse de sa section oblique prenne différentes situations à l'égard des plans horizontaux & verticaux, auxquels on peut comparer son grand & petit axe. Soit AHBI cette ellipse dont AB est le grand axe, qui fait avec celui du cylindre CX deux angles inégaux, un obtus ACX d'un côté, & un aigu BCX de l'autre; le petit axe IH sera toujours perpendiculaire à celui du cylindre CX. Si après avoir supposé la section par l'axe ADEB dans un plan horizontal (dans laquelle situation ce cylindre représente un berceau *biais*), on le tourne sur son axe CX, d'un quart de révolution de B vers A, la moitié de l'ellipse HBI prendra la situation *ibh* où le demi axe CB s'incline dans un plan vertical suivant l'angle aigu BCX ou obtus ICX, qu'il faisoit avec l'axe du cylindre dans sa premiere situation horizontale, appellée *biais*, qui devient dans cette seconde celui d'une face en *talud*.

Fig. 146.

Si au contraire on avoit tourné le cylindre sur son axe de A vers B, la moitié de

Tome II.   F

l'ellipfe HAI étant rangée dans un plan vertical, où étoit CH dans la premiere pofition, donnera une face en *furplomb*, faifant avec le plan horizontal l'angle obtus XCA.

Enfin fi, au lieu de faire un quart de révolution fur fon axe, le cylindre n'en fait que la moitié, qui eft de 45 degrés, ou, fi l'on veut, plus ou moins, il eft clair que dans cette fituation le grand axe de l'ellipfe fera incliné au plan horizontal de deux façons en même temps, fçavoir en *talud*, ou en *furplomb*, & plus ou moins en *biais* à l'égard de la direction de l'axe CX, felon que le demi-axe A*c* ou BC s'approchera ou s'éloignera de l'horizontale AB; en forte que s'il vient dans le plan vertical, le biais s'évanouira, il ne reftera plus d'obliquité que celle du talud *bc*X, ou du furplomb ACX.

D'où il fuit que toutes ces différentes dénominations ne font point intrinfeques à la figure du cylindre, mais relatives à fa pofition à l'égard du niveau ou de l'à-plomb de l'axe & de la face; & qu'il n'y a que l'obliquité de la fection elliptique qui foit une qualité permanente, laquelle étant une fois fuppofée d'une ouverture d'angle de l'axe du cylindre avec celui du grand axe de l'ellipfe, on connoîtra toujours la plus que l'on cherche, pour en simplifier le trait de la coupe des pierres.

Explication démonstrative.

On fera sur *t* C D la perpendiculaire *t* H *Fig. 147.* au point *t*, sur laquelle on portera la longueur T *t* en *t* H, & par le point H, on tirera au centre C la ligne H C, qui formera l'angle H C *t*, qu'on doit considérer comme composé des deux différents de biais & de talud.

Car si l'on fait tourner le triangle rectangle H C *t* sur son côté *t* C, jusqu'à ce que son plan soit perpendiculaire à celui du berceau A B E F, & qu'en même tems on fasse tourner aussi le triangle T P *t* sur son côté T P, les côtés de ces deux triangles T *t* & H *t*, qu'on a fait égaux par la construction, se réuniront en une ligne droite verticalement sur le point *t*, qui est dans le plan horizontal ; ensorte que les sommets T & H étant réunis, il se formera un triangle en l'air dont la projection est P *t* C, lequel est incliné au plan du berceau en H C représenté par *t* C,

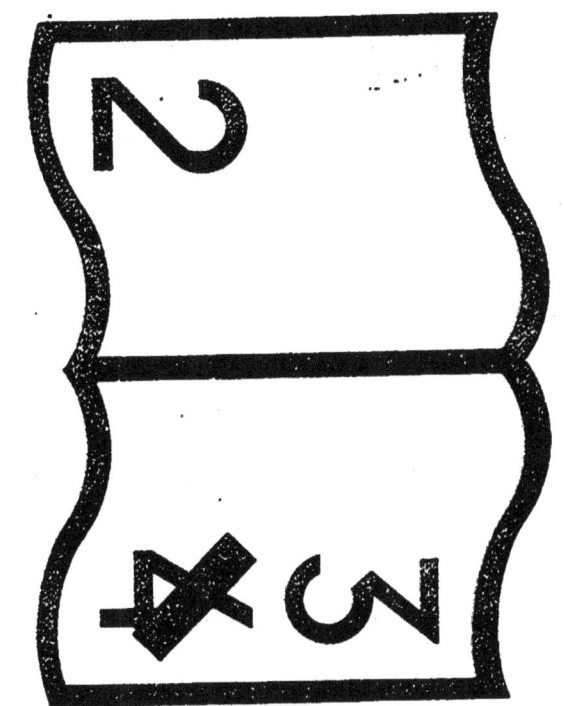

Pagination incorrecte — date incorrecte

NF Z 43-120-12

Fig. 147. pour l'inclinaison du *biais*, & en TP, représenté par *t*P, pour celle du *talud*; d'où il fuit qu'il est composé des deux; ce qu'il falloit trouver, puisque la surface de ce triangle incliné fait partie de la face d'entrée du berceau ASB.

On verra, par ce que nous dirons de l'obliquité des cônes & cylindres scalenes, que la ligne ID est celle de la plus grande inclinaison avec l'axe; mais on peut en concevoir la raison, relativement à la construction de la figure 147 dont il s'agit, par une supposition naturelle & très-simple, qui est que si la ligne ID passoit plus près ou plus loin des points A & B, il en résulteroit que les triangles H *t* C & T *t* P ne seroient plus rectangles en *t*, dans les mêmes suppositions d'égalité des lignes, faites égales; par conséquent ils ne seroient plus susceptibles de la rotation autour des côtés *t* P & *t* C; ensorte que les lignes T *t* & H *t* ne pourroient plus se réunir en une seule; auquel cas, le problème ne résoudroit plus la question, qu'il résout cependant par notre construction.

COROLLAIRE

grande obliquité d'un cylindre droit à l'égard du plan de la base désignée par l'angle que font entr'eux ces deux axes différens.

Il n'en est pas de même à l'égard de la base d'un cylindre *scalene* qui est circulaire, où tous les diametres sont égaux entr'eux; alors le problême se réduit à chercher un diametre de cette base, qui soit plus incliné que tout autre à l'axe oblique du cylindre, c'est-à-dire, qui fasse avec cet axe un angle plus aigu qu'aucun autre de ceux qu'on peut tirer par le centre du cercle; ce que l'on trouvera par la maniere suivante.

Soit A B F E le plan horizontal d'un *Fig.* 147. berceau à double obliquité de *biais* & de *talud*, dont l'élévation du ceintre de face soit l'arc A S B, d'une courbe quelconque, circulaire ou elliptique; car on n'y considere que la surface sans s'embarrasser du contour, au centre duquel aboutit un axe C X oblique à la direction de son diametre horizontal AB de la distance PC.

Fig. 147. On prendra sur cet axe, à volonté, un point X, d'où l'on abaissera sur AB la perpendiculaire XP, qui coupera ce diametre au point P, lequel sera pris pour y déterminer le sommet de l'angle du talud, donné par l'inclinaison de la ligne de son profil TP, faisant avec ce diametre AB l'angle TPA ou son complément TPX; on prendra sur cette même TP une longueur PT, égale à PX, & par le point T, on tirera T*t* parallele au diametre AB; parconséquent perpendiculaire sur XP qu'elle coupera au point *t*, par lequel & par le centre C, on tirera la ligne *t*CD, qu'on prolongera vers I, faisant IC égal à CD, le diametre ID sera celui que l'on cherche, qui forme avec l'axe CX l'angle de la plus grande obliquité du côté de D, & de la plus petite du côté de I, son opposé; ce que Desargues appelloit la *sous-essieu* (comme l'on dit en une autre rencontre la sous-tangente), laquelle ID détermine la réunion des deux obliquités de biais & de talud,

COROLLAIRE I.

De la connoissance de cet angle de plus grande obliquité HC*i*, il résulte qu'on peut faire le profil d'un berceau affecté de deux & même de trois obliquités, comme de *biais*, de *talud*, & de *descente*, aussi facilement que s'il n'en avoit qu'une, en transposant seulement les lignes horizontales & verticales à l'égard de la position relative des axes ou des impostes, & des diametres principaux.

Il est, par exemple, évident qu'une descente droite, dont le profil est le parallélogramme H*h*PR dans un plan vertical, peut être considérée comme la moitié du parallélogramme par l'axe RP d'un berceau simplement biais H*h*LK, posé horizontalement sans aucune altération de sa figure intrinseque, l'arc droit OI restant toujours le même en O*i*.

Fig. 141.

Il n'est pas moins évident que le même profil du berceau en descente H*h*PR peut être couché tout entier sur l'horizontale PA prolongée, en tournant sur son point P immobile, où il prendra la situation STP*r*, qui sera alors le profil d'un berceau de niveau de même figure & grandeur, mais dont la face HR, qui étoit verticale, devient en surplomb en S*r*, sui-

F iv

vant l'angle Srq égal à HRQ, l'angle HRP, son supplément à deux droits, ayant été transporté en SrP, sans aucune altération ; par la même raison, la face hP du bout inférieur de la descente est devenu en talud en TP, suivant l'angle TPs égal à Srq de l'autre bout, sans aucune altération intrinseque, que dans sa projection horizontale, qui étoit ci-devant un parallélogramme rectiligne 1. 2. 4. 5, & qui est devenu mixte, terminé par deux demi-ellipses, l'une concave 2. 3. 4, l'autre convexe 1. 6. 5.

Si à ces différences de position on ajoute celle du mouvement du cylindre autour de son axe, qui formera en même-tems du biais & du talud. On retombera dans le cas de la réduction des deux obliquités en une, dont nous venons de parler.

Fig. 149. La différence qui en résulte pour la pratique, c'est qu'au lieu de prendre la base horizontale de la face donnée pour celle de la projection des divisions du ceintre en ses voussoirs, on prendra le diametre trouvé par notre opération, marqué DI, sur lequel on abaissera des perpendiculaires par les points de ces divisions, ajoutant au dessous de la base AB l'arc BD égal à AD: ainsi pour faire la projection des impostes A & B, on menera sur le diametre DI les perpendiculaires A*a*, B*b* qui donneront fur D I les points *a* & *b*, lefquels ne feront plus aux extrêmités du diametre de la bafe comme ils étoient auparavant.

Pour le concevoir, il n'y a qu'à relever par la penfée les arcs DA & BI, perpendiculairement fur le diametre AB du plan horizontal, ou, fi l'on veut encore, (fuivant le cas) confidéré comme vertical; car l'un donne la defcente, l'autre le biais horizontal, & alors le point A tombera en *a*, & B en *b*; & le rayon AC perpendiculaire à l'axe CX, fe réduit à un demi-diametre *a*C plus court que AC.

D'où il fuit, que fi l'on tire DN parallele à CX, la fection cylindrique DCXN fera plus étroite que CACX, & fera biaife fuivant l'angle DCX, au lieu que la précédente ACX étoit directe, c'eft-à-dire à angle droit fur fon axe, quoique dans le même cylindre fcalene : car nous avons dit que la fection par l'axe dans un plan perpendiculaire à celui de la plus grande obliquité eft la plus large de toutes, & à angle droit fur le diametre de la bafe du cylindre fcalene, qui croife perpendiculairement celui de la plus grande obliquité : cependant tous ces diametres de la bafe doivent être égaux entr'eux, puifqu'on fuppofe le cylindre fcalene : donc le diametre D I sera celui de la plus grande obliquité, sur lequel la longueur ab représente celui de nulle obliquité, quoique raccourci par la projection.

Cependant il est clair que si par ces points a & b on mene des paralleles à l'axe CH, comme aN, bM, on retombera dans le cas ordinaire de la pratique de la fig. 147, supposant l'angle ARP de la fig. 148 égal à DCH de la précédente, soit que l'on réduise les deux obliquités au simple *biais* de niveau, ou à la simple descente; ce qui revient au même, en supposant le côté de l'imposte à la clef, c'est-à-dire le profil pour le plan horizontal.

COROLLAIRE II.

Fig. 147. Puisque cette construction change l'angle XCA du premier *biais* en celui de DCF de la réduction, ou HCa de la fig. 149; la direction du côté AG suit le même sort, étant transportée en aN, & les perpendiculaires au diametre DI, aA & bB, exprimeront les parties du demi-diametre de l'arc *droit*, passant par les joints de lit des impostes. Il en sera de même pour tous les autres joints de lit; ce qui fait voir comment on peut revenir à la pratique du profil, expliqué à la fig. 141; ce qui est exposé fort au long au 4ᵉ Livre de ma Stéréotomie, page 191 de l'édition de Strasbourg, chap. 5.

COROLLAIRE III.

Il suit aussi de la même réduction, que si le diametre AB, qui étoit premiérement considéré comme horizontal, quoique dans un plan incliné, suivant sa longueur, est supposé dans un plan vertical, le diametre DI sera incliné à l'horizon, & réciproquement, si celui-ci est supposé horizontal, le diametre AB sera incliné, & la perpendiculaire HC au milieu de DI sera une verticale perpendiculaire à l'extrêmité de l'axe horizontal XC, quoique tous les autres diametres possibles lui soient inclinés; d'où il suit que quelque biaise que soit la voûte, il y aura toujours une tête de lit sans biais, & parfaitement à l'équerre, comme on va l'expliquer ci-après.

COROLLAIRE IV.

Il suit aussi que tous les angles des têtes des lits des voussoirs, compris entre *m* & D, seront obtus à la doële, & entre *m* & I seront aigus plus ou moins, selon qu'ils approcheront des extrêmités D ou I; ce qui doit s'entendre aussi des côtés opposés au dessous du diametre DI, parce que les côtés des cylindres étant parallèles à leurs

Fig. 150.

axes, l'angle de chacun de ces côtés, avec un diametre donné, est égal à celui que fait l'axe avec ce même diametre, lequel étant oblique, fait d'un côté un angle aigu XCI, & de l'autre un angle obtus XCD.

COROLLAIRE V.

Puisque les angles que l'axe fait avec chacun des diametres du cercle de la base du cylindre, considéré comme la face d'un berceau biais, sont tous inégaux, il suit qu'on peut faire une infinité de profils différens d'un cylindre scalene, dans lesquels il paroîtra plus ou moins incliné au diametre de la base, depuis celui de la grande obliquité, jusqu'à celui qui lui est perpendiculaire au quart de la circonférence, lequel est celui de nulle obliquité mC; ensorte que le parallélogramme de la section longitudinale par l'axe & ce dernier demi-diametre Cm est rectangle; & alors ce profil est à l'équerre, comme si le berceau étoit *droit*, sans aucun *biais* de direction à l'égard de la face.

Mais la section transversale, perpendiculaire à ce parallélogramme, est une ellipse, dont le petit axe est RI, qui est le diametre de l'arc *droit*, & dont le grand axe est le double de $CM = DI$; par conséquent plus grand que celui de *l'arc droit*,

Fig. 140.

dans le rapport du plus ou moins de biais de l'axe à l'égard de la face du berceau; d'où il résulte que son ceintre circulaire sur la face est surmonté à la doële de plus en plus, jusqu'à ce qu'il ait pris la direction perpendiculaire à l'axe, ou son diametre à l'imposte est le plus court de tous; ce qui fait voir la diversité des profils que l'on peut faire d'une même voûte, suivant la ligne de section, par laquelle on la suppose coupée, & pourquoi, suivant les regles de projection horizontale des points extrêmes A & B d'un diametre en *a* & *b* d'un autre qui lui est incliné, le berceau se resserre à l'imposte des quantités D *a* & I *b*; ensorte que sa longueur se réduit à l'intervalle perpendiculaire *ab*, entre les deux directions de sa naissance égale à R I.

Différentes dénominations des voûtes cylindriques.

L'usage de cette observation est développé au 2ᵉ tome de ma Stéréotomie, ch. 5 du Livre IV, page 191 & suivantes, cité ci-devant, & appliqué à la pratique de toutes les obliquités possibles, réduites en une seule, quoique de huit dénominations différentes, sçavoir, deux inclinaisons opposées de la face, à l'égard d'un axe horizontal, l'une en *talud*, l'autre en *surplomb*;

deux de l'axe à l'égard d'une face verticale de *montée* & de *descente*, deux de face en talud à l'égard d'un axe incliné, *talud & descente*, *talud & montée*, deux de face en surplomb à l'égard d'un axe de pareille situation. La même réduction des obliquités triples se peut faire, en réduisant deux en une, & celle-ci avec la troisieme, *biais en descente & en talud*, ou *en surplomb*.

Des profils des voûtes coniques.

Puisque les joints de lit des voûtes coniques, qui sont aux côtés du cône, sont tous inclinés à l'horizon, excepté ceux des impostes, qui le sont aussi fort souvent; il est clair, par ce que nous avons dit ci-devant des projections, que ni l'horizontale ni la verticale ne peuvent en exprimer les mesures; mais les deux, jointes ensemble, fournissent les moyens de les trouver par une espece de trigonométrie, de triangles rectangles, dont elles sont les côtés, & les joints de lit leurs hypoténuses.

D'où il suit qu'il faut autant de profils particuliers qu'il y a de joints de lit, au moins d'un côté de la clef, qui peuvent être répétés de l'autre, si la direction du cône est perpendiculaire sur le diametre horizontal de la face, si les divisions en

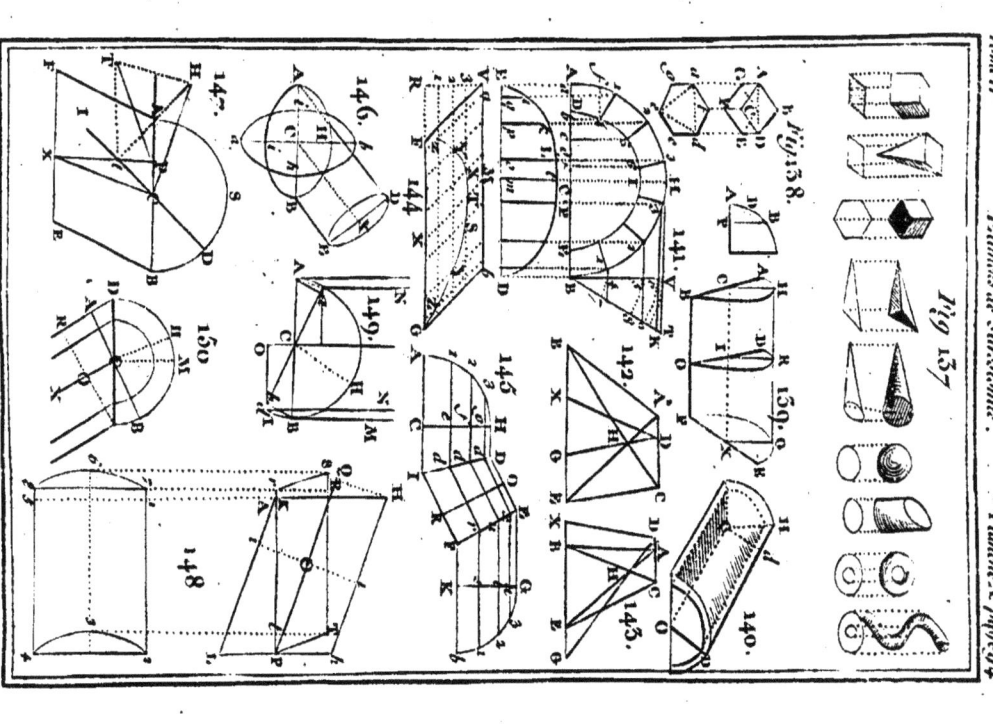

voussoirs sont symmétrisées, ou égales entr'elles de part & d'autre ; les voûtes de cette figure s'appellent *trompes coniques droites*.

Soit AHB le ceintre de face d'une trompe ou voûte conique, on fera la projection horizontale des divisions de ses voussoirs, comme nous l'avons dit des faces cylindriques, sur le diametre de leur ceintre ; puis ayant élevé une perpendiculaire sur son milieu C, prolongée de part & d'autre, & déterminé la profondeur de la trompe en S, on tirera les lignes SA, SB, qui en acheveront le plan horizontal aux impostes, en y ajoutant l'épaisseur par des lignes doubles parallèles à la distance donnée, comme *a s*, *s b*. La même chose s'observera pour exprimer la doële & l'extrados du ceintre de face, dont on tirera les joints de tête au moins d'un côté de la clef, dirigés au centre C, comme 4. 1, 5. 2, 6. 3, H*h*, milieu de la clef.

Fig. 151.

Pour faire le profil de cette voûte en projection géométrique, il faudroit tirer par les points 1, 2, 3, des horizontales 1 *e*, 2 *f*, 3 *g*; & de ces points mener au point *b*, supposant C*b* = *cs*, des lignes droites *eb*, *fb*, *gb*: mais aucune de ces lignes ne seroit dans sa véritable mesure, parce que toutes ces lignes étant projettées sur un vertical, ne sont pas parallèles aux joints de lit de la trompe, qui lui sont tous inclinés & différemment; ainsi elles sont toutes raccourcies & inégalement, puisqu'elles sont toutes inégales; & cependant si la voûte est droite, c'est-à-dire, que son axe CS soit perpendiculaire à la face AHB, toutes ces lignes de joints de lit à la doële sont égales à sb; car le cône étant droit, le trapeze sS, bB tournant sur son côté sS, partie de l'axe SC, doit décrire en l'air le cône creux ASB.

D'où il suit que ce trapeze est le profil général de tous les lits de la trompe dans leur juste mesure: mais si cette trompe étoit *biaise*, ou en talud, il faudroit que ce profil en trapeze fût continuellement raccourci à chaque lit, & les angles de la tête en b & B changeroient aussi continuellement; de sorte qu'il faudra un profil pour chacun, qui peut être placé où on le jugera à propos séparément, ou rassemblé sur une même ligne horizontale ou verticale, alongée ou raccourcie suivant le besoin.

Faire

Faire le profil des divisions d'un cône scalene, Fig. 152.
(en termes de l'Art) *d'une trompe* biaise
ou en talud, *ou qui soit l'un & l'autre.*

Nous avons dit ci-devant qu'à l'exception de la trompe droite, comme la précédente, il falloit un profil pour chaque joint de lit, soit à la doële, soit à l'extrados, parce qu'ils étoient tous inégaux, & inégalement inclinés à l'horizon; & qu'il étoit indifférent de les ranger séparément, comme l'on voudroit; cependant comme il faut en chercher la valeur par le moyen de la projection horizontale, on peut faire servir celle du plan pour un des côtés du triangle rectangle, dont cette valeur doit être l'hypoténuse; ainsi ayant fait le plan horizontal ASD, comme dans le cas précédent, où les projections horizontales des joints de lit sont *ns*, provenant de la division 1, *os* de la division 2, & *ps* du joint 3; on portera sur *ns* la hauteur *n* 1 de l'à-plomb quarrément, c'est-à-dire perpendiculairement à la projection *ns*, en *n* 5; *o* 2 sur *os* en *o* 6; *p* 3 sur *ps* en *p* 7, & par ces points 6, 7 ayant tiré les lignes 5*s*, 6*s*, 7*s*, on aura les valeurs des joints de lit dont on n'avoit que les projections, qui étoient plus courtes parce qu'elles n'étoient pas parallèles aux véritables joints.

On en usera de même pour le reste de la moitié HD, & si l'on veut éviter la confusion qui se trouve dans les lignes des projections de l'autre côté, on peut les ranger toutes sur une même ligne sd par des arcs de cercle tirés du point s pour centre, comme sq en sv, & portant perpendiculairement v la retombée $q4$, on aura un point z, d'où tirant zs, on aura la valeur de la projection qs, ainsi des autres.

Il y a encore une autre manière de placer ces profils, en faisant servir les angles droits des à-plomb avec le diametre horizontal AD, qu'on ne fera que prolonger, par exemple, pour avoir la valeur de la projection ps du troisieme joint de lit, il n'y a qu'à porter cette projection pS en pP sur DA, prolongé en P, s'il le faut ; la ligne P3 sera le profil & la valeur de la projection ps du troisieme joint de lit : cette manière est encore la mieux désignée & la moins confuse.

Ces opérations n'ont pas besoin de démonstration, puisqu'elles se réduisent toutes à faire des triangles rectangles, dont on a deux côtés donnés, sçavoir, la projection horizontale & la hauteur, & dont l'hypoténuse est la longueur demandée.

PROBLEME.

Réduire les doubles & même les triples obliquités d'une voûte conique en une seule pour en faire les profils avec plus de facilité.

Soit, par exemple, une trompe ASB *Fig. 151.* de face biaise AB sur la direction horizontale de son axe SC, & inclinée à l'horizon par un talud donné, ou, si l'on veut encore, dont la direction de l'axe soit inclinée en descente ou en montée. Il s'agit, 1°. de trouver le diametre de la face ou base du cône, sur lequel son axe est le plus incliné, & par conséquent aussi celui sur lequel la section par l'axe n'est point oblique, dont le plan est perpendiculaire à celui de la plus grande obliquité.

Soit le cercle AEBF la base d'un cône entier, dont AB est le diametre horizontal du cercle, dont le plan est incliné à l'horizon, suivant un angle donné eAH en talud, & auquel la direction de son axe SC est oblique suivant l'angle donné SCA: si l'on tire du sommet S du cône scalene ASB une perpendiculaire SG sur AB, la ligne GC exprimera l'obliquité de l'axe à l'égard de la base, c'est-à-dire de la direction de la trompe à l'égard de sa face, qui est le *biais* de l'angle SCA, & la premiere obliquité.

La seconde est celle du talud de cette face inclinée à l'horizon, suivant l'angle HA*e*, faisant HA = CE, on portera PH en AT perpendiculairement à AB, & l'on tirera par le centre C la ligne TI, qui donnera la position du diametre DI de la plus grande obliquité de l'axe sur le plan de la face, auquel si on fait la ligne KL perpendiculaire, le diametre KL sera au contraire celui sur lequel le plan d'une section par l'axe, ne donnera aucun biais de l'axe avec ce diametre, auquel il sera perpendiculaire, quoiqu'il ne le soit pas au plan de la face.

Cette préparation étant faite, on peut trouver les profils de toutes les différentes longueurs des côtés du cône, c'est-à-dire de tous les joints de lit de la trompe, sans avoir recours à aucune autre projection.

Ayant fait TP perpendiculaire sur TI, & égale à la hauteur du cône, exprimée par SG, qui donnera sur TP le point P pour le même sommet (qu'on tourne ici en sens contraire, pour éviter la confusion des lignes dans la figure), on tirera de ce point P les lignes PD, PI, qui seront l'une le plus grand PI, l'autre PD, le plus petit côté dans leur juste longueur, étant ceux de la section par l'axe PDI.

Présentement pour avoir les mesures

des côtés intermédiaires qui doivent aboutir à des points donnés à la circonférence de la base, 1, 2, 3, K, &c. qui seront, si l'on veut, ceux des divisions des voussoirs de la trompe, on prendra avec le compas les distances T1, T2, T3, TK, &c. & on les portera sur le diametre DI, de T en o1, o2, o3, oK, &c; ce qui est désigné dans la figure par des arcs de cercle o1, o2, o3, ok. Si du point P on tire des lignes à tous ces points marqués sur DI, les lignes Po1, Po2, Po3, Pok seront les justes longueurs des joints de lit de la trompe conique, biaise & en talud.

Si l'on suppose encore une troisieme obliquité d'axe en descente ou en montée, il faut ajouter à l'angle du talud celui de la descente ou montée pour n'en faire qu'une obliquité ; & dans l'exécution, l'une des deux étant donnée par le niveau; l'autre se trouvera en place à l'égard de l'horizon.

DÉMONSTRATION.

Il faut premiérement prouver que le plan passant par l'axe & par DI, donne le plus grand & le plus petit de tous les côtés du cône de toutes les sections possibles par d'autres diametres, & par le même axe, par exemple sur AB.

Dans les triangles rectangles CGS, CTP qui ont un côté GS = TP, le côté CT étant plus grand que CG, de même que CA = CD plus petit que TC, sera aussi opposé à un plus grand angle TPC : donc l'angle TPC est plus grand que l'angle GSC, & par conséquent le troisieme angle TCP ou DCP est plus petit que l'angle GCS, c'est-à-dire de plus grande obliquité de l'axe sur la base du cône. Il est évident qu'il en sera de même de tous les profils faits sur les autres diametres. C. Q. F. D.

La seconde partie concernant l'exactitude de la construction qui donne les côtés du cône, transportés sur le triangle par l'axe PDI dans leurs véritables longueurs est évidente, parce qu'on a fait des triangles rectangles, qui ont pour côté commun TP, & pour bases les longueurs égales aux distances de ce point T à tous les points de la circonférence donnée, 1, 2, 3, K, le point P devant être considéré comme étant en l'air au bout de la ligne TP perpendiculaire au plan du papier.

On verra au 4ᵉ Livre de ma Stéréotomie l'usage de ce problême dans la pratique des traits des voûtes coniques, & combien elle en facilite l'exécution.

Remarque sur les profils des épures.

La multiplicité des lignes qui embrouillent & portent une espece de confusion dans les *traits* de la coupe des pierres, vient principalement des profils qu'on assemble quelquefois sur un côté commun, ou sur un même plan, quoiqu'ils doivent être séparés. Souvent aussi pour faire voir les origines de ces profils à l'égard du plan horizontal, on trace des arcs de cercles inutiles, qui ne servent qu'à indiquer la relation de l'un à l'autre, comme on voit dans la figure, où l'on a marqué des mêmes lettres & chiffres les points du plan horizontal, répétés au profil sur un vertical, à quoi il faut faire attention pour se débarrasser de ces accessoires hors d'œuvre qu'on trouve dans la plûpart des Livres, où l'Auteur s'en est servi pour se rendre plus intelligible. Nous allons finir ce chapitre des profils par un problême de pratique pour lever ceux des ouvrages existans, dont les contours sont courbes & irréguliers.

Probleme de pratique.

Tracer sur un plan un contour semblable & égal à celui d'un corps saillant de figure quelconque, supposé coupé par ce plan de description (en termes de l'Art) *lever un profil d'un ouvrage existant en saillie.*

Soit un morceau d'architecture ou de sculpture en relief, par exemple, un *roson* dans une voûte, auquel il en faut faire un égal.

On placera le carton ou la planche sur laquelle on veut tracer le profil au dessous de l'original à plomb ou de niveau, suivant ce qu'exige sa position, & d'une largeur à pouvoir y tracer sa plus grande saillie; puis ayant mis un crayon C dans une regle RL à cette distance, on l'appuyera contre un des bras d'une équerre IHK que l'on fera couler sur le côté droit GH de la planche FN, en appuyant, poussant, & reculant le bout A de la regle sur le contour NBD. Le crayon C, par ce mouvement, en tracera un semblable & égal sur le carton ou la planche, en *an bd*. C. Q. F. F.

Cette opération n'a pas besoin de démonstration, puisque la ligne AL est partout un intervalle égal entre les deux contours, & mû parallelement à lui-même, & de plus perpendiculaire à la même ligne GM, par la transposition de l'équerre, coulant sur cette ligne & le côté HI.

S'il se rencontre quelque renfoncement horizontal, comme en PR, auquel la regle A ne peut atteindre, il faut le mesurer à part, & le transporter quarrément sur une ligne R*r* à la distance où il doit être du bout A.

USAGE.

Ce problême est d'un fréquent usage en architecture, lorsqu'il s'agit de continuer ou réparer des anciens édifices, où il faut raccorder du vieux avec du neuf, & copier des contours en symmétrie. Faute de cette pratique, on perd beaucoup de tems à tâtonner, sans pouvoir réussir aussi parfaitement.

De l'élévation.

La seconde espece d'ortographie, dont nous avons à parler, est celle qu'on appelle, en terme de l'Art, *l'élévation*, qui est la projection verticale d'un corps, vu par ses dehors, au lieu que le profil est une section d'un plan passant par son intérieur.

D'où il suit, comme dans toute autre projection, qu'on ne peut y exprimer les mesures d'une surface, qui n'est pas parallele au plan de description, quand même elle seroit plane, à plus forte raison lorsqu'elle est courbe, concave, ou convexe ; de sorte qu'on ne peut faire une élévation d'une porte en tour ronde, que pour y prendre des mesures verticales ; si elle est à plomb, les horizontales étant *courbes*, *concaves*, si elle est en tour *creuse* & convexe, si elle est en tour *ronde*, sont raccourcies dans leur contour, non pas en proportion uniforme, mais relativement aux déviations des cordes, plus ou moins inclinées au plan vertical de la description.

Par la même raison, on ne peut faire l'élévation d'une sphere qui puisse donner d'autres mesures que celles des diametres & contour du cercle majeur ou mineur, qui proviendroit d'une section parallele au plan de description.

Ainsi il est visible qu'une élévation d'un escalier à vis découvert, comme celui d'une chaire de Prédicateur, ne peut être qu'une image imparfaite, de laquelle on ne peut tirer de mesures que celles des hauteurs des marches & rampes, leurs largeurs horizontales étant toutes raccourcies & défigurées. Nous ferons cependant voir que cette sorte de représentation a son usage pour la coupe des pierres.

De l'élévation en coupe & en profil.

On entend ordinairement par le mot de *profil*, la section transversale d'un édifice ou d'une voûte, & par le mot de *coupe*, une section longitudinale faite pour en montrer les dedans, qu'on fait paroître par leur élévation, où l'on en exprime les parties : ainſi la coupe d'une maiſon eſt la repréſentation de ce que l'on verroit, ſi le mur de face étoit abattu. Celle d'une voûte en montre les pieds droits, les naiſſances, les lunettes, & les enfourchemens de celles qui les traverſent, au lieu que ſon profil montre le contour de ſon ceintre, l'épaiſſeur de ſes pieds droits, de ſes reins, & de ſa maçonnerie ; de ſorte que l'une & l'autre de ces repréſentations ont leur utilité, & qu'elles ſont même abſolument néceſſaires toutes enſemble, lorſque le corps projetté eſt irrégulier, comme on va le montrer.

Des moyens de repréſenter, par toutes ſortes de deſcriptions, les corps de figures irrégulieres.

Il y a deux ſortes d'irrégularités dans les voûtes, l'une dans leurs contours de faces, qui ne ſont d'aucune courbe réguliere, mais de quelque courbe ondée ou de fantaiſie, comme celle de la conique, appellée *trompe d'Anet* ; l'autre conſiſte dans la courbure de leurs ſurfaces, qui ne ſont ni cylindriques ni coniques, ni ſphériques, mais qui participent plus ou moins des unes ou des autres ; telles ſont ces petites voûtes, qu'on appelle *arriere-vouſſures*, de Marſeille, de Saint Antoine, &c.

Le moyen le plus facile de désigner & de déterminer ces irrégularités avec art, est de les *inscrire* ou *circonscrire* à des corps réguliers, dont les contours & les surfaces peuvent leur fixer des bornes, & en mesurer la différence par le moyen de plusieurs points, qu'on peut autant multiplier qu'on le juge à propos, suivant la précision à laquelle on veut parvenir : un exemple en fera voir sensiblement la commodité & la justesse.

Soit ABDEGF le plan horizontal d'une porte sur le coin rectiligne ABD, extérieurement & concave en tour creuse dans l'angle intérieur FGE, comme on en voit quelquefois, par la disposition & sujettion des lieux qui ne permettent pas qu'on pratique ailleurs une porte : on verra que par le moyen de la circonscription, & des plan, profil, & coupe; on se débarrasse des difficultés & des irrégularités apparentes.

J'inscrits donc cette figure de plan horizontal mixte, composée de lignes droites & courbes dans le parallélogramme rectangle IFEK; & ayant déterminé le ceintre primitif IHK égal à l'arc droit, dont le diametre est DR; j'opere sur cette porte comme si elle étoit en plein ceintre ordinaire; ensuite j'en retranche l'excédent de la circonfcription BDK, d'un côté, BAI de l'autre, fuivant une fection plane qui forme dans chaque côté un quart d'ellipfe qui pourroit avoir quelque différence de contour plus ou moins arrondi, fi la diagonale BG ne partageoit pas également en deux l'angle DBA.

Enfuite, je retrancherai par une fection concave circulaire FGE, dirigée perpendiculairement à l'horizon le fegment horizontal EGF, dont le creux rencontrant celui du ceintre circulaire du vuide du berceau de la porte, formera, fans fcience, comme par hazard, l'arête de cette courbure à double courbure Qg, que nous avons appellé *cycloimbre*, dans le contour de ces deux portions de cylindre qui fe croifent, fçavoir l'horizontal du paffage de la porte, & le vertical de l'arrondiffement, pratiqué dans l'angle rentrant, pour en effacer la difformité.

§. Où l'on voit que toutes les repréfentations de plan IE, profil *hb*, coupe *abgf*, font néceffaires pour exprimer chacune en particulier, ce qui n'a pu être exprimé dans les autres.

La coupe *bgfa* exprime la faillie du *porte-à-faux* de la clef *b*. fur l'impofte *a*, d'une maniere très-différente. Le profil IHK donne l'arc droit & fes divifions, fa moitié Ph, en situation verticale, donne les hauteurs de ses joints de lit pour les marquer dans la coupe, & y déterminer la hauteur de la lunette : ainsi l'on voit que ce n'est que par le concours de toutes ces représentations qu'on parvient aux mesures, & à une connoissance parfaite de ce qu'on a à faire. Nous ne faisons point d'élévation en face, ni devant ni derriere, parce que le plan de description ne pouvant être parallele aux surfaces de l'objet anguleux, en angle saillant par dehors, & concave à la face intérieure, on ne pourroit en tirer aucune mesure horizontale, mais seulement les verticales, qui sont déja exprimées dans le profil, & dans la coupe de la voûte par son milieu à la clef.

Il faut observer que le moyen dont nous nous servons ici, par circonscription, appellé en terme de l'art, *par équarrissement*, occasionne la perte de pierre de toute la partie distinguée au plan, par une hachure, & que l'on pourroit l'épargner, en opérant, comme si l'on faisoit deux moitiés de portes biaises de différentes directions d'obliquité ; mais on peut diminuer cette perte, en se reculant quarrément à chaque tête de voussoir, comme si au lieu de retrancher le trapeze LIDK, on se reculoit en Ik; car alors on ne perdroit que le triangle IkD, qu'on ne peut guere épargner.

Par le moyen de l'inscription ou circonscription dont nous parlons, on apperçoit comment on peut éluder la difficulté de la trompe d'*Anet*, dont la face est ondée d'une courbure irréguliere, mesurée horizontalement : on a mis ici seulement une moitié du plan, c'est-à-dire de la projection horizontale sans rampe, à laquelle on a circonscrit un quart de cercle, qui peut aussi servir de ceintre primitif, en le supposant en situation verticale, suivant la ligne ah du profil, au lieu d'un quart de cercle on pouvoit y tracer un quart de polygone; ce qui peut suffire présentement pour montrer comment on peut exécuter des courbes à double courbure par l'inscription, en ajoutant les distances des points excédens la ligne d'inscription, ou en retranchant celles des contours de circonscription.

CHAPITRE II.

De la supposition des surfaces planes, appliquées sur les courbes, pour parvenir à imiter exactement leur concavité ou convexité (en terme de l'Art) pour les voûtes des doëles plates.

CE que nous venons de dire de la circonscription de contours irréguliers par des figures régulieres, soit courbes, comme le cercle & l'ellipse, soit de rectilignes, comme des polygones, ne peut servir que pour des contours, dont on ne peut connoître les courbures, qu'en les comparant à des lignes droites tournées réciproquement en angle droit : telles sont les abscisses & les ordonnées.

Il en est à peu près de même des surfaces courbes à l'égard des planes : celles-ci sont nécessaires pour mesurer la profondeur des concavités ou l'éloignement des convexités, par des perpendiculaires à une surface plane, qui leur est comparée comme un terme fixe, d'où l'on doit compter ces mesures d'enfoncement ou d'élévation, en autant d'endroits qu'on le juge nécessaire, & particuliérement aux angles

qu'une

qu'une surface courbe fait avec des planes, ou d'autres courbes qui en terminent les extrêmités.

Cet artifice est nécessaire, non seulement pour former des surfaces irrégulieres, mais encore pour les régulieres dans la coupe des pierres, en ce qu'elle fournit la juste position des angles mixtes, & des arêtes des voussoirs sur une surface plane faite exprès, qu'on appelle *doële plate*, au devant d'une qu'on doit creuser au dessous en portion de cylindre ou de cône, laquelle doit passer par les cordes des arcs de leur concavité dans les têtes opposées des voussoirs : cette surface plane préparatoire est le plus souvent un parallélogramme, quelquefois un trapeze, qui détermine la position des quatre angles dans un plan exact ; car s'il n'y en a que trois, & que le quatrieme soit plus enfoncé ou plus élevé, la surface est appellée *gauche* ; ce qui ne doit point arriver, lorsque les joints de lit des voussoirs de voûtes coniques ou cylindriques sont (comme ils doivent être) paralleles à l'axe du cylindre, ou suivant la section plane par l'axe d'un cône, si la voûte est conique.

Cette supposition d'une surface plane, pour y placer les quatre angles d'un voussoir, est encore applicable aux voûtes sphériques, parce que la sphere étant coupée par lits, perpendiculairement à son axe, donne des cercles parallèles, lesquels étant recoupés & croisés par des sections, suivant l'axe, donnent des portions de surfaces concaves, dont les cordes sont aussi parallèles entr'elles, comme celles des cônes tronqués, droits sur leurs bases ; telles sont toutes les portions de sphere coupées par des parallèles à l'équateur, & recoupées par des méridiens ; les cordes opposées, tirées de leur quatre angles, forment un trapeze en surface plane ; par conséquent un voussoir auquel on peut adapter un panneau de doële plate préparatoire, terminée par deux cordes égales, suivant la section du méridien, & deux inégales sur les cercles parallèles à l'équateur.

Ce que nous disons ici de la sphere peut s'appliquer aussi au sphéroïde régulier, formé par la révolution d'une demi-ellipse sur son grand, ou son petit axe, mais non pas d'un ellipsoïde, dont l'équateur & les méridiens sont des ellipses : les portions quadrilateres, coupées par des plans perpendiculaires à l'axe, & recoupées par d'autres, suivant l'axe, sont *gauches*, c'est-à-dire qu'elles n'ont pas leur quatre angles dans un plan, mais seulement trois ; le quatrieme est au dessus ou au dessous d'une surface plane, qu'on peut toujours faire passer par trois points donnés : car on sçait, par les élémens de la Géométrie, que les trois angles d'un triangle sont nécessairement dans un même plan.

D'où il suit que les doëles plates ne peuvent servir de préparation à toutes sortes de voussoirs quadrilateres, à moins qu'on ne les réduise en triangles, dont les surfaces feront entr'elles un angle sur la diagonale, plus ou moins obtus, suivant le plus ou moins d'écartement du quatrieme angle, que la surface plane ne peut toucher, lorsque la doële est *gauche*.

Le second usage des doëles plates est que par cette supposition on forme plus exactement les angles mixtes des surfaces planes des joints montans, & quelquefois aussi des lits avec la courbure des doëles ; ce qu'on ne peut indiquer que par un biveau à branches mixtes, dont la position peut faire varier ces angles, comme nous le dirons dans son lieu.

De la supposition des surfaces cylindriques ou coniques de base quelconque pour parvenir à la formation d'autres surfaces courbes, terminées par des lignes angulaires à double courbure (en terme de l'Art) *des arêtes gauches, courbes en tout sens.*

La supposition des doëles plates, dont nous venons de parler, qui sert de dispositif à l'exécution des surfaces courbes, qui sont des portions de corps réguliers, terminés par des courbes planes, c'est-à-dire qui peuvent être décrites sur un plan, devient inutile pour la formation de celles qui sont à double courbure, dont nous avons parlé au premier Livre, comme sont les *cycloimbres, ellipsimbres, &c.* parce que ces lignes étant au sommet des angles d'intersection de deux corps courbes, dont elles terminent les arêtes saillantes, ou les angles rentrans, supposent une des deux surfaces courbes, exécutée avant l'autre, soit que cette primitive soit portion d'un cylindre régulier, qui ait pour base un arc de cercle ou d'ellipse; soit que cette base soit d'une courbe quelconque, formant un cylindroïde.

Cette rencontre de deux surfaces courbes n'est pas toujours à double courbure, comme nous l'avons démontré au premier Livre, où l'on a vu que l'intersection de deux cylindres, en certaines circonstances, étoit une ellipse plane; mais aussi en plusieurs autres, c'est une ligne courbe à double courbure, qu'on doit décrire sur la surface primitive d'un des deux.

On peut, si l'on veut, l'y tracer avec art, en cherchant plusieurs points de cette courbe, comme nous l'avons enseigné au second Livre, ou la former *par une espece de hazard*, suivant une pratique, qu'on appelle, par *équarrissement*, particuliérement s'il s'agit d'un angle saillant, dont l'*arête* se forme par la rencontre du second cylindre qu'on creuse, suivant la direction donnée à l'égard du premier : mais lorsque l'angle de rencontre des deux surfaces est rentrant, ce qu'on appelle en *arc de cloître*, cette maniere est moins sûre que celle de n'avoir pour guide que la direction du second cylindre. Il convient de tracer la courbe à double courbure sur la surface du premier, à laquelle on dirige les joints & côtés du second cylindre. Ce que nous disons ici de la rencontre des doëles de deux cylindres, doit s'entendre des coniques entr'elles & avec les cylindriques.

Ce moyen de préparer les voussoirs à la formation de leurs arêtes, ou angles rentrans, doit être considéré comme la base des *traits* de la coupe des pierres les plus difficiles & les plus composés : car il arrive des cas où cette premiere excavation cylindrique dans une pierre, ne sert qu'à y trouver une ligne d'arête, parce que ce n'est pas assez d'une préparation par une surface supposée, il en faut quelquefois deux, lorsque les deux surfaces qui doivent se rencontrer sont gauches toutes les deux : il nous suffit ici de donner un exemple des cas les plus ordinaires.

Nous choisirons pour exemple un voussoir d'une voûte en berceau *tournant* & *rampant*, soit concave, soit convexe, comme ils le sont les uns en deçà, les autres en delà de la clef.

Fig. 157. La projection horizontale d'un tel voussoir est ordinairement un arc de cercle AB, parce que l'arête VIS de la doële VIS LOD, avec la rencontre du lit supérieur *a*TSV, est une espece de vis formée dans un corps cylindrique, en convexité du côté du milieu C, & en concavité dans son pied droit opposé.

Il faut donc commencer par former une portion de surface cylindrique, convexe dans notre exemple AB*ba*, sur laquelle on tracera l'arête du lit & de la doële VIS, comme il a été dit au second

Livre, & qu'on le voit dans la figure 158 sur une surface concave en ONY; puis ayant creusé au deſſous la doële, suivant la grandeur de l'arc de cercle qu'elle doit occuper du ceintre primitif, ou de l'arc droit VID, appuyant toujours la cerche quarrément au deſſous de cette hélice : on recoupera auſſi ſuivant l'inſtrument, appellé *biveau mixte*, le lit de deſſus, qui terminera cette portion de doële, ſuivant la ligne tracée ſur le cylindre, qui est l'arête de ces deux ſurfaces de lit & de doële, pour laquelle ſeule on a été obligé de faire la portion de ſurface cylindrique ABba, tout le reſte étant abattu, pour former le creux de la doële, & la pente du lit de deſſus. Voilà un exemple de ſuppoſition forcée d'une ſurface cylindrique, pour placer exactement, & former une arête, qui est le ſommet de l'angle de rencontre d'un lit & d'une doële, d'autant plus indiſpenſable, que cette arête étant une hélice, doit être tracée par l'application d'un triangle rectangle de matiere flexible, comme du carton, du plomb en lame, ou du fer blanc plié, ſuivant la concavité du cylindre creux, ou la convexité du côté convexe, dont l'hypoténuſe, en cette ſituation (ſuppoſant un de ces côtés horizontal ou vertical) ſervira de regle pour tracer la

H iv

portion de courbe en *hélice*, les points S & V étant donnés de hauteur; après quoi toute la surface cylindrique au dessus & au dessous doit être abattue : la raison de cette opération est que le développement d'une hélice est une ligne droite, comme nous le dirons dans le chapitre suivant.

CHAPITRE III.

De l'Epipédographie (en terme de l'Art) du développement.

LES surfaces des pierres qui composent les voûtes sont presque toujours en partie planes, comme les *joints* & les *lits*, & en partie courbes, comme les doëles; dans les voûtes sphériques, sphéroïdes & annulaires, il n'y a aucune surface plane; les lits sont courbes, concaves & convexes alternativement.

Toutes ces surfaces ne peuvent être développées, c'est-à-dire étendues de toute leur longueur & largeur sur un plan.

Il est évident que les planes peuvent être rangées dans l'ordre où elles sont contiguës sur les voussoirs.

Il est aussi clair que les surfaces, qui n'ont qu'une courbure, comme celles des cônes

& des cylindres, peuvent être déployées & étendues sur une surface plane; celle d'un cylindre en parallélogramme rectangle ou obliquangle, & celle d'un cône en un triangle mixte, s'il est complet, ou transformé en un secteur de cercle, ou en portion de couronne de cercle, si le cône est tronqué, parce que ces deux corps n'ont de courbure que dans la direction transversale de leurs axes, la direction parallele à leurs axes étant toujours droite, comme celle des cônes, depuis leur base à leur sommet dans un plan passant par leur axe.

Il n'en est pas de même des corps ronds, suivant deux ou plusieurs directions, comme les spheres, sphéroïdes, & anneaux; ils ne peuvent être développés, quelques minces & étroites qu'on en puisse supposer les zones, ou parties de leur contour, quand même on les réduiroit au cercle, non seulement parce qu'en Géométrie on n'a pas encore trouvé l'art de faire une ligne droite égale à la circonférence d'un cercle, mais encore parce que les sections paralleles à la circulaire sont toutes inégales; celles qui approchent le plus du centre sont les plus grandes, & celles qui approchent des pôles au contraire sont les plus petites.

Cependant les Auteurs de la coupe des

pierres, comme le *P. Deran* & autres, ont donné des moyens de développer les assises des voussoirs des spheres, mais en les considérant comme des zones ou portions de surfaces de cônes tronqués, ce qui n'est pas exact, comme nous le dirons ci-après.

Du développement des corps compris par des surfaces planes.

L'art de développer les surfaces des polyedres est des plus simples, puisqu'il ne s'agit que de les ranger de suite dans toutes leurs mesures.

Cependant il n'est pas indifférent pour l'appareil des traits des voûtes, d'y observer un certain arrangement sur des côtés communs ou contigus à deux surfaces : ensorte qu'étant repliés ils puissent, sans transposition, envelopper de nouveau le polyedre.

D'où il suit *qu'on ne doit pas joindre quatre angles droits au même point de leur sommet*, parce que les angles *plans* qui forment un angle *solide* doivent être toujours moindres que quatre droits, ainsi qu'il est démontré dans les élémens de Géométrie; ce qui fait voir que le développement d'un cube ne peut être fait de six quarrés égaux en deux bandes contiguës, comme

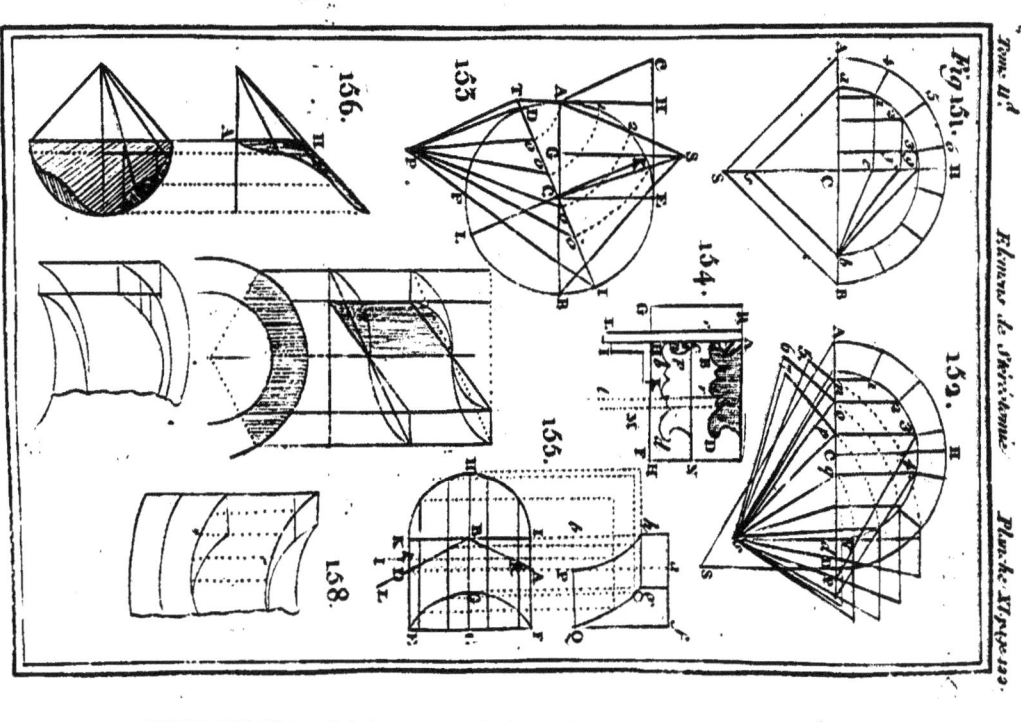

le veut faire l'Auteur de l'*Essai sur les feux d'artifices*, pour former un cartouche de carton en cube, qui doit servir de boîte à contenir la poudre de cet artifice, qu'on appelle *marron*; il prescrit *un parallélogramme de carton, dont un des côtés est à l'autre, comme trois est à cinq*, nombre d'ailleurs insuffisans pour renforcer chaque face également, car il en faudroit 18 ou 12, l'un pour doubler, l'autre pour tripler l'enveloppe.

Le développement d'un cube n'est susceptible que de deux façons, sçavoir en croix latine de quatre quarrés sur la tige, & de deux ajoutés de part & d'autre pour la croisée, ou en façon de *T*. *Fig.* 159. *Fig.* 160.

Le Tétraedre, qui est le premier des corps solides, composé de quatre surfaces de triangles équilatéraux, peut être arrangé de deux manieres différentes, en triangle, comme à la figure *b*, ou en bande de parallélogramme obliquangle, comme à la figure *c*. *Fig.* 161. *Fig.* 163.

Le développement d'une pyramide droite de base polygone, au-delà du triangle, par exemple, du quarré du pentagone ou exagone, se fait en joignant les triangles isoscèles qui l'enveloppent, suivant leurs côtés contigus, dont le sommet commun est au point S, en ajoûtant à une des bases le *Fig.* 164.

polygone, comme on la fuppofé : toutes ces furfaces pliées de fuite, formeront la pyramide en queftion.

D'où il fuit que, fi au lieu de 4, 5 ou 6 côtés de la bafe, on en fuppofe une infinité qui compoferoient un contour circulaire, la pyramide prendroit la figure d'un cône, dont le développement eft un fecteur de cercle qui a un contour égal à celui du cercle de la bafe A, 1, 2, 3, 4, 5.

Dans la fuppofition que le cône foit *droit*, c'eft-à-dire que fon axe foit perpendiculaire à fa bafe; la courbe du développement A *b a* eft fans contredit circulaire, dont le rayon S A eft le côté du cône *droit*; mais fi ce cône eft fcalene, c'eft une courbe différente, dont il faut chercher le contour par plufieurs points, comme nous allons le montrer.

Fig. 165.

PROBLEME.

Faire le développement d'une pyramide ou d'un cône fcalene, & en déterminer la plus grande obliquité.

Nous avons dit qu'une pyramide eft appellée *droite*, lorfque fon axe, qui eft la ligne tombant du fommet fur le milieu du plan de la bafe, eft perpendiculaire à fa furface; ce qui s'applique aufli au cône, dont l'axe est perpendiculaire au cercle de la base.

Mais si cet axe tombe obliquement sur le plan de cette base, il en résulte une inégalité de longueur & d'angles à la base de tous les triangles qui enveloppent la pyramide, & par conséquent des infinimens petits qui enveloppent le cône; de sorte que la pyramide paroît pencher, vue de tous côtés, excepté lorsque le spectateur est dans la direction d'un plan qui passeroit par l'axe & par la perpendiculaire tombant du sommet de la pyramide sur la base du cône, soit du côté de cette perpendiculaire, ou de celui qui lui est diamétralement opposé.

Il faut observer qu'il arrive aussi dans un cas contraire, qu'une pyramide peut être droite sur sa base, & paroître penchée en certaine situation, comme lorsque le polygone de la base est en nombre impair de côtés: telle est une pyramide pentagone à *Soleurre*, qu'on me faisoit remarquer comme un effet merveilleux de l'industrie de l'Architecte, parce qu'elle paroît pencher presque de tous côtés; mais j'apperçus bientôt que cette apparence venoit de ce que la base étant un pentagone, dont les côtés sont impairs, les arêtes des pans devoient être apperçues d'une inclinaison différente;

suivant la position du spectateur : car si on le suppose en S, obliquement au côté de la base DE, & perpendiculairement au rayon HC, l'arête sur le rayon HC étant vue perpendiculairement, paroîtra dans toute la longueur de son talud ou inclinaison ; l'arête sur CF, vue sous un angle aigu SCE, paroîtra raccourcie suivant la perpendiculaire EP plus courte que HC ; enfin l'arête sur DC sera vue encore plus en raccourci, suivant la perpendiculaire Dq, qui est encore plus petite que PE, par conséquent moins inclinée, mais elle paroîtra droite, toutes les fois que le spectateur sera placé dans le prolongement de deux côtés de la base, comme en L à l'égard de GE & HD, ou au-delà, dans la même direction, ou dans la prolongation d'un demi-diametre CE, comme en K ; d'où il verra, sous le même angle, le talud des arêtes sur DC, GC, & celle de EC dans un plan vertical : cette petite digression, qui n'est pas tout-à-fait de notre sujet, peut trouver ici place sans ennuyer le lecteur. Reprenons notre problême, qui ne concerne pas les pyramides droites, mais seulement les scalenes.

Il s'agit premiérement de déterminer la direction de ce plan, suivant lequel une pyramide oblique ne paroît point pencher à droite ni à gauche. Soit une pyramide triangulaire ABDS, oblique sur sa base BAD, ensorte que si l'on abaisse une perpendiculaire sur son plan prolongé, elle y donne le point P pour sa projection, par lequel & par le centre C du triangle on tirera la ligne PC*a* : on sçait que ce point C se trouve à l'intersection des diagonales AC & BC, qui divisent en deux également les angles A & B ; & l'on tirera CS du centre de la base au sommet, qui sera l'axe de la pyramide. On fera ensuite à part un angle droit, dont un côté *ps* sera fait égal à PS de la précédente figure, & l'autre *pd* égal à la distance P*d* de la même, mesurée sur le plan de la base ; la ligne *sd* sera égale au côté DS. Du point *d* comme centre & de l'intervalle DA, on décrira un arc de cercle *tu*, & du point S & de la longueur SA pour rayon, on décrira un autre arc qui coupera le précédent *tu* au point *z*, par lequel on tirera du point *d* & S, la ligne *dz* & *zs*.

On continuera de même pour tracer le second triangle, portant *p*B en P*b*, & prenant la distance SI, de laquelle, pour rayon, & du point *s* de la 2ᵉ figure pour centre, on décrira un arc de cercle *xo*, & du point *z* pour centre, & pour rayon AB, on fera un autre arc *nx* qui coupera le précédent en x, d'où l'on tirera les deux lignes xs, xz qui formeront le second triangle xzs: enfin pour le troisieme, on a déja un côté donné, qui est Ds, égal à ds, auquel il doit être uni dans l'enveloppement de la pyramide, avec lequel, comme rayon, & du point s pour centre, on décrira un arc Dy, & de l'intervalle DB de la premiere figure, & du point x pour centre : on fera un autre arc ty qui coupera le précédent en y, le triangle xys sera la valeur de celui qui étoit représenté en perspective en DSB de la premiere figure, & le troisieme du développement des côtés de la pyramide, exprimé par l'assemblage de ces trois triangles dans le pentagone irrégulier $sdzxy$, auquel si l'on ajoute le triangle de la base ADB en bxz, on aura le développement complet des quatre surfaces triangulaires, dont la pyramide étoit enveloppée; *ce qui étoit premiérement proposé de faire.*

Il s'agit présentement de prouver que la section de la plus grande obliquité est dans le plan passant par l'axe de la pyramide, ou du cône scalene donné: par conséquent que la ligne CE, qui est dans ce plan, est le diametre de la base, qui fait avec l'axe SC l'angle le plus aigu.

Il est démontré dans les Elémens de Géométrie,

Géométrie, que si d'un point S, pris hors d'un plan, on tire une perpendiculaire SP, elle sera la plus courte de toutes celles qu'on y peut mener, & que celles qui, partant du même point, s'éloignent le plus de la perpendiculaire, sont aussi les plus grandes.

Il est encore démontré dans la 8ᵉ pr. du 3ᵉ Livre d'*Eucl.* que si d'un point P, pris hors d'un cercle, on tire des lignes à son arc convexe, la plus courte est celle qui étant prolongée, passe par le centre du cercle, & au contraire dans son arc concave, c'est la plus longue.

Donc si l'on fait passer un cercle par les trois angles du triangle de la base de la pyramide, la plus courte des lignes sera PE; & ensuite par ordre de distance, PB, PD, PA: donc la ligne de l'arête de la pyramide en SB sera plus longue que SE, qui est plus près de la perpendiculaire SP; par la même raison, SD sera plus longue que SB, & SA plus longue que SD. Or si du centre C, on tire des rayons aux angles A, B, D, on aura des triangles ACS, BCS, DCS, qui ont deux côtés égaux, chacun à chacun, sçavoir CS commun, & les rayons AC, BC, DC, & le troisième inégal, dont les plus grands sont opposés aux plus grands angles: donc ACS est plus grand que

Fig. 164.

Tome II. I

l'angle DCS (supposant CS en l'air, élevé sur la base ADB), & l'angle DCS sera plus grand que BCS; enfin ce dernier, plus grand que SCE, qui est celui de l'axe avec la ligne CP, passant par la perpendiculaire SP au plan de la base prolongée: donc le rayon CE, qui est dans le plan, est dans le diametre qE de la plus grande obliquité, SCP étant le plus aigu de tous, & son supplément à deux droits, qCS le plus obtus. C. Q. F. D.

COROLLAIRE.

Il suit de cette démonstration, que l'on a la maniere de faire le développement d'un cône scalene, puisque nous avons supposé la base triangulaire de la pyramide inscrite dans un cercle, qui peut être considéré comme la base d'un tel cône, ou d'une pyramide d'une infinité de côtés.

Dans cette supposition, nous avons dit que le développement d'un cône *droit*, c'est-à-dire perpendiculaire sur sa base, étoit un *secteur de cercle*, dont l'arc devoit être égal au contour du cercle de la base du cône; ce qui donne une pratique facile de faire ce développement.

Mais comme l'on n'a pas la même facilité de faire une courbe irréguliere, telle qu'est celle du développement de la surface du cône scalene, on est obligé de le considérer, & de le réduire à une pyramide scalene, en divisant le contour du cercle de la base du cône en parties sensiblement égales, plus ou moins grandes, selon qu'on se propose d'approcher plus de la figure ronde : dans la pratique des traits des voûtes, il nous suffira de faire le développement de la moitié du cône, coupé par son sommet, & le diametre AB de la plus grande obliquité ; l'autre partie étant égale à celle-ci, n'en doit être que la répétition.

Soit le demi-cercle ADB la moitié de la base du cône scalene, dont on a trouvé, par la pratique précédente, le diametre AB, & le profil PSB du plan de la section par sa plus grande obliquité. *Fig. 169.*

Soit aussi ASP le plan de la section du cône ABS, par son axe CS, & la perpendiculaire SP sur le plan de sa base ADB, prolongée ; on en divisera le contour en tel nombre de parties qu'on voudra, comme ici sa moitié en six, pour réduire le cône en pyramide dodécagone. Du point P pour centre, & des longueurs P1, P2, P3, &c. pour rayon, on portera toutes les distances du point P aux divisions de la circonférence, sur le diametre AB, aux points 6, 7, 8, 9, 10 ; les lignes tirées de ces points au sommet du cône S, donneront les longueurs différentes des côtés, passans par les points 1, 2, 3, 4, 5, & le profil donne ceux de la plus grande longueur A S, & de la plus petite B S.

Par le moyen de ces côtés donnés, & des cordes de la base A 1 ; 1.2, 2.3, &c. on pourra faire le développement de la pyramide dodécagone, comme nous l'avons fait ci-devant de la triangulaire ; ce que nous allons répéter d'une autre façon.

Fig. 170.

Ayant porté la longueur S A séparément en *s a*, on prendra la longueur *s 6*, avec laquelle, pour rayon, on fera un arc *e i*, & de la corde A 1 pour rayon, & du point *a* pour centre, on fera un autre arc *t u* qui coupera le précédent au point *u*, qui sera un de ceux du contour de la courbe de développement de la base. Du point *s* pour centre, & pour rayon *s 7*, on fera de même un arc *f g*, & du point *u* pour centre, & pour rayon la corde 1.2, on en fera un autre *h x* qui coupera le précédent au point *x*, qui donnera le second point de la même courbe : on prendra ensuite la longueur *s 8*, avec laquelle, pour rayon, & du sommet *s* pour centre, on décrira un arc *k l*, & de la corde 3.2, & du point *x* pour centre, on décrira un arc *a y* qui coupera le précédent au point *y*, qui sera le troisieme point de la même courbe. On continuera de même jusqu'à ce qu'on soit parvenu en *b*, & l'on joindra tous ces points par une ligne courbe, tracée de l'un à l'autre à vue d'œil, ou avec une regle pliante, qui donnera la moitié du développement jusqu'au point de station *b*, où la même courbe se répete en sens contraire concave jusqu'au quart de cercle BD, dont le développement est *by* = *bx* ensuite de nouveau convexe, comme la continuation *yxua*, qui achevera le contour de la circonférence entiere de la base du cône, & la figure mixtiligne *aybs* sera le développement de la moitié de sa surface.

Il est clair que si, au lieu d'un cône entier, on n'avoit qu'un cône tronqué, comme AHFB, le développement ne seroit plus un triligne mixte, mais une zone d'inégale largeur ondée, comme celle qu'on a distinguée par une hachure, où l'on voit le développement entier de sa base supérieure en H*lfkh*, dont les points H & *h* doivent être réunis dans l'enveloppement. *Fig.* 269.

Fig. 270.

Ce développement entier de la circonférence du cercle, n'est ici que pour la théorie : car pour la pratique de la coupe des pierres, les trompes qui sont des voûtes coniques, dont la face est la base d'un cône,

I iij

ne comprennent jamais que le demi-cercle : ainsi en supposant une rampante par son axe, ou ce qui est plus ordinaire, un *abajour ébrasé*, qui est une voûte conique tronquée, le développement ne peut tomber que sur le demi-cercle 3 A G, qui est composé du double de la courbe *y a*, comprise entre le point d'inflexion *y*, jusqu'à celui de station *a* : par conséquent toute convexe, comme on l'a marqué à la troisieme figure *y a* Y au dehors, & concave au dedans en *f h* F.

On appelle point de *stations* les deux *b* & *a*, où la courbe cesse de s'éloigner, ou de se rapprocher du sommet *s*, & points *d'inflexions y* & Y, où elle se plie du concave au convexe ; mais si l'axe de la trompe C S étoit horizontal, pour une trompe biaise, ou une embrasure à mettre du canon en biais, on auroit besoin du développement du demi-cercle A 3 B, exprimé en entier en *b y a* de la fig. 170 par dehors, concave depuis *b* en *y*, & convexe depuis *y* en *a*, & au contraire en dedans convexe de *f* en *k*, & concave de *k* en *h*, où sont les points d'inflexions de la courbe ; ce qui paroît singulier & difficile à comprendre, puisque dans l'enveloppement circulaire, ces deux courbes différentes doivent se ranger dans un même plan vertical.

Nous avons supposé jusqu'ici le cône tronqué par un plan parallele à sa base, qui donne une courbe semblable, laquelle est un cercle, s'il est supposé scalene; mais s'il étoit coupé obliquement, comme en E L, la courbe de la section seroit une *ellipse* : alors il y auroit quelque chose à changer dans le tracé du développement, non pour la surface, qui est supposée rester la même, égale au triligne mixte *bas*, mais au contour intérieur *fkh*.

Le diametre donné E L étant perpendiculaire à l'axe, ou à peu près, & le plan de la section étant aussi perpendiculaire à celui du triangle par l'axe, & le diametre A B de plus grande obliquité ; ce diametre E L sera le petit axe de l'ellipse E O L, & la ligne *co*, la moitié de son grand axe, qu'il faut chercher par un profil particulier, qui sera la section d'un plan perpendiculaire au triangle de plus grande obliquité A S B ; c'est pourquoi on élevera C M perpendiculaire sur C S, & égale au rayon C D ; puis ayant tiré M S au sommet du cône, on lui fera une parallele par le point *c*, milieu de E L, qui coupera M S en *m*, la longueur *mc* sera la moitié du grand axe de l'ellipse, désignée par le contour E O L. On a donc déja quatre longueurs de côtés donnés pour le développement

Fig. 169.

de cette section elliptique, qu'on portera sur le premier A*b* *a*S sur les lignes correspondantes, sçavoir, S E sur le grand côté S*a* en *se*; *s*L sur le petit côté *sb* en *sl*; S*m* du grand axe de l'ellipse sur *sy* en *sm*, & sur *sg* en M; & faisant passer par ces points une courbe E*m*L M*e*, on aura le développement de l'ellipse sur la surface du cône développée.

Fig. 170.

Il est aisé de voir qu'on peut chercher autant de points que l'on voudra entre les quatre donnés par des profils particuliers, sur les projections des points de la circonférence de la base 1, 2, 4, 5 dans le plan du profil A S B, comme l'on a fait sur l'axe CS.

S'il s'agissoit d'une section parabolique, comme pour une des faces d'une *trompe sur le coin*, ayant tiré par le sommet donné P une parallèle au côté S B, on cherchera de même tous les points du développement de cette parabole par des profils particuliers, comme nous venons de le dire de l'ellipse, pour avoir la courbe *p r* R, sur le premier développement de la surface. Nous ne disons rien de l'hyperbole, parce que l'usage de cette courbe ne se trouve que dans les faces des voûtes coniques à plusieurs pans, étant d'ailleurs facile d'en trouver le développement comme des autres sections, l'*axe* étant donné dans le plan du profil du cône.

S'il s'agissoit de réduire une double obliquité du cône, comme de biais & de talud de face, on la fera à peu près comme nous l'avons dit des cylindres : par exemple, soit l'angle SCA celui du biais d'un axe horizontal SC sur une face AB verticale, & l'angle PCT celui d'un talud qu'on veut lui donner, le diametre DE deviendra celui de la plus grande obliquité de la réduction du biais & du talud en une seule du biais, qui sera un peu plus grand, c'est-à-dire l'angle XCD plus aigu.

Fig. 172.

Pour le démontrer, du point C pour centre, ayant fait un arc SX, & une perpendiculaire sur TE, par le point T, qui rencontrera l'arc SX au point X, on tirera XC, qui représente l'axe en différente situation, changée par le talud. Présentement si l'on compare les deux triangles SCP, SCT rectangles en P & en T, qui ont des hypoténuses égales (par la construction), & un côté TC plus grand que PC, il est clair que l'angle opposé TXC sera plus grand que PSC, & son complément XCT sera plus petit que celui de l'autre triangle SCP. C. Q. F. D.

Par ce moyen de réduire deux obliquités en une, il sera aisé d'en réduire une troi-

138 ÉLÉMENS

fieme, comme de biais, talud, & descente ou montée, qui sont tous les cas d'obliquités rectilignes.

Du développement des Prismes & des Cylindres.

Si un prisme de base triangulaire ou d'un polygone quelconque est *droit*, c'est-à-dire perpendiculaire au plan de cette base, & que son opposée supérieure lui soit parallele, il est évident que chacune des surfaces qui l'enveloppent est un parallélogramme rectangle; il n'en est pas de même, si l'axe du prisme est oblique au plan de la base, supposée encore parallele à son opposée; ces parallélogrammes peuvent être tous obliquangles, il n'y en a de rectangles que ceux dont les côtés sont perpendiculaires à la ligne de direction de l'obliquité, dont il ne peut y en avoir qu'un, si la base est un polygone de nombre impair, & deux, si elle est de nombre pair.

Fig. 173. Soit pour exemple un prisme triangulaire, dont la base est le triangle ADB, sur laquelle il est incliné, suivant un angle donné pFS, qui en est le profil, mis par le côté sur une ligne de base dFp perpendiculaire au côté AB, parce qu'on suppose que la ligne de son inclinaison mM lui est perpendiculaire. Ayant abaissé du sommet S la ligne SP perpendiculaire à la même, le point P sera la projection du point S; & si l'on fait par ce point le triangle *abd* parallele à ABD, on aura la projection totale du prisme proposé en ADB*bda*; on tirera ensuite la ligne D*d*, qui coupera *p*F prolongée en *d*, par où on menera *ds* parallele & égale à FS, & par le point F une perpendiculaire FN qui coupera *ds* au point N, la ligne *d*N donnera la longueur de l'obliquité, qui sera la directrice du développement.

Ayant fait à la seconde figure la ligne *ab* perpendiculaire à *m*M pour répéter la ligne AB du plan horizontal, à laquelle on la fera égale, on menera par les points *a* & *b* des paralleles à *m*M, *a*I, *b*K, qu'on fera égales à FS du profil, & l'on aura le parallélogramme rectangle *a*IK*b* pour le développement de la surface, qui a AB pour base; ensuite on prendra la longueur *d*N, qu'on portera sur *m*M de *f* en *n*, par où on menera la perpendiculaire indéfinie *r*R, qui sera la directrice du développement, qui donnera l'obliquité des surfaces collatérales, en faisant du point *a* pour centre, & AD de la premiere figure pour rayon, un arc de cercle qui coupera *r*R au point *r*, & du point *b* pour centre, & BD du plan pour rayon, un arc qui coupera *r*R au point R. Si l'on tire des lignes de *a* en *r*, & de *b* en R, on aura les angles d'obliquité des parallélogr. collatéraux *ra*Ig & *b*RGK, qu'il sera aisé d'achever, en menant des lignes paralleles & égales aux côtés donnés *ra*, *a*I, & au côté de l'autre surface, qui doit se joindre à celle-ci dans l'enveloppement en *rg*, R G, qui doivent se confondre en une seule arête de prisme. Si l'on ajoute à ces trois parallélogrammes les deux bases opposées *adb*, IHK égales au triangle du plan ADB, on aura le développement des quatre surfaces qui enveloppent le prisme triangulaire. Si la direction de l'inclinaison avoit été oblique sur le côté AB, comme dans la figure 174, il en auroit résulté que tous les parallélogrammes auroient été obliquangles, comme cette figure le montre.

De cet exemple donné pour le plus simple des prismes, il sera aisé de tirer la construction du développement des plus composés, & même du cylindre, qu'on doit considérer comme un prisme d'une infinité de côtés.

COROLLAIRE.

Du développement des cylindres.

En suivant la supposition que les cylindres sont des prismes d'une infinité de côtés, on conçoit sans peine que le développement d'un cylindre *droit*, c'est-à-dire dont l'axe est perpendiculaire au plan de sa base, & qui a son opposée parallele, est un parallélogramme rectangle, composé d'une infinité d'autres, dont les petits côtés font la somme de la circonférence du cercle de la base ; & que si l'axe est oblique sur sa base, tous ces petits parallélogrammes sont inégalement obliques, comme ceux des prismes, à mesure qu'ils s'éloignent où se rapprochent de la section, par la plus grande obliquité de l'axe ; d'où il résulte que ces différences d'obliquités de côtés de chaque parallélogramme composent une ligne courbe, partie concave, partie convexe, comme on va le voir par un exemple.

Soit un cylindre ABDE incliné sur sa base, *Fig.* 1. suivant un angle donné AEP, ou trouvé par le probl. 1, ch 1, part 2, pour celui de sa plus grande obliquité sur le plan de sa base prolongée, si elle étoit double : on tirera du point E au côté opposé BD une perpendiculaire EN, qui sera le petit diametre d'une ellipse ELN, si le cylindre est scalene, & $mL = cB$ la moitié du grand axe, le développement du contour de cette ellipse sera la ligne directrice de celui de la surface totale, considérée comme composée d'un grand nombre de parallélogrammes, enveloppant un prisme, dont les petits côtés sont inégalement inclinés aux grands, dont la suite forme une courbe ondée, comme celle que nous a donné le développement d'un cône scalene.

Fig. 176. Soit ABED la section par l'axe & le profil d'un cylindre scalene, dont on veut faire le développement, ou si l'on veut, le plan horizontal d'un berceau *biais*, dont on veut développer les doëles plates des rangs de voussoirs de sa voûte.

Ayant tiré une perpendiculaire sur le diametre de la face ABH, & prolongé celui de la face opposée ED en P, la ligne PD exprimera le biais de la direction de l'axe CX, parallele à AD.

Par le point D, on tirera une perpendiculaire DR sur BE, qui sera le petit diametre d'une section du cylindre, dont $mh = CH$ sera la moitié du grand axe.

Ayant élevé sur AB le ceintre de face AHB, & l'ayant divisé en tel nombre de voussoirs qu'on voudra, par exemple, en cinq aux points 1, 2, 3, 4, on abaissera de

DE STEREOTOMIE. 143

ces points de divisions des perpendiculaires sur AB en $iklu$, on fera la projection des lits par des lignes paralleles à l'axe, 1.5, 2.6, 3.7, 4.8, qui couperont le diametre DR de l'arc droit aux points o.o, &c. sur lesquels on portera les hauteurs i 1, k 2, CH 3 l.4 n en o 1, o 2, ch, o 3, o 4, qui donneront des points au contour de la demi-ellipse D h R.

On développera la courbe de ce contour sur une ligne droite DMR, mise à part, sur laquelle on portera de suite les cordes 1.2, 2.3, 3.4, 4.5 en Do¹, o², o³, o⁴, M, par lesquels on tirera des perpendiculaires indéfinies D a & les suivantes, partie en dessus, partie en dessous de la ligne DM, suivant les différentes longueurs des joints de lit, comprises par le biais dans le triangle DRE de la premiere figure : ainsi on portera o5 de la premiere figure en o'5 de la seconde; o6 de la premiere en o'6 de la seconde; o7 de la premiere en o'7 de la seconde : enfin o8 en o'8 de la seconde, & RE en MS de la seconde; & par ces points trouvés au contour du développement de la demi-ellipse de l'arc droit, on tracera à la main la courbe ondée D7S, qui sera la développée de la moitié de la base du cylindre, laquelle étant répétée en sens contraire en SG d, donnera le développement

Fig. 177.

DSd de la base entiere, à laquelle on fera une courbe parallele de l'autre côté de la directrice DMd en acFIe, le quadriligne mixte Daed sera le développement de la surface du cylindre, dont les côtés Da & de doivent se rejoindre & se confondre dans l'enveloppement.

Si au lieu de commencer ce développement au point A, on l'avoit pris au point H, la courbe auroit toujours été la même, mais un peu différente dans sa longueur, en ce qu'elle auroit eu de chaque côté une concavité eFI, & une convexité Ieh complete, parce que les points G, H, I, h sont des points d'inflexions, au lieu que dans le développement précédent, la concavité n'est qu'à demi aux deux bouts, étant coupée au milieu par les lignes Da & de, qui sont les lignes de stations.

Si à ces deux contours ondés, dessus & dessous, on ajoute les deux cercles de la base du cylindre, on aura le développement de ses trois surfaces, sçavoir, de la courbe enveloppante, & de ses deux bases. *Ce qui étoit proposé.*

USAGE.

Ce problême est le fondement des traits de la coupe des doëles des berceaux biais d'une ou plusieurs obliquités, puisqu'on peut

peut les réduire à une seule, comme nous l'avons dit, surtout lorsqu'on travaille par panneau de *doëles plates*. Il faut seulement remarquer que, comme les voûtes ne comprennent jamais qu'une moitié de cylindre, leur développement à la doële ne s'étend qu'à la moitié de la longueur de la directrice Dd, en quelque point du ceintre qu'on soit obligé de commencer, ou aux points de station, provenant de A & B, ou aux points d'inflexions, provenant du sommet H, & de son opposé sd, le cylindre est tourné de maniere à le mettre à la naissance de la voûte, au lieu du sommet; ce qui peut arriver, même aux points intermédiaires. Ainsi dans notre exemple, le développement de la doële du berceau biais A B E D est complet dans le quadriligne mixte DaFS, posant Da sur l'imposte AD de la premiere figure, & SF sur l'imposte BE de la premiere figure.

Mais si le biais avoit été en talud, on auroit commencé en H, & le développement total de la doële auroit été compris dans le quadriligne mixte VCFIGSV; & à proportion s'il y avoit eu du biais & du talud, auquel cas le côté opposé au concave donne du surplomb, si le développement est de courbes paralleles entr'elles; ce qui ne se peut rencontrer dans l'exécution, que pour les voûtes appuyées sur d'autres en lunettes.

Nous avons supposé jusqu'ici les cylindres scalenes, dont l'axe est oblique sur le plan d'une base circulaire; mais s'il l'étoit sur une base elliptique, il n'y auroit rien à changer à la construction pour avoir le développement du contour de l'ellipse, parce que l'ellipse n'est qu'un cercle alongé, qui donneroit plus ou moins de différence de l'arc droit à la base, c'est-à-dire de diametre à diametre; ce qui donneroit toujours des points de *stations* aux grands axes, & des points d'*inflexions* aux petits, où la courbe du développement se plie du concave au convexe, en changeant de directions; ce qui paroîtra encore mieux par les développemens composés dont nous allons parler.

Du développement d'un cylindre creux, composé de la surface concave & convexe, rassemblés sur un même plan de description. (En termes de l'Art relativement aux voûtes) *du développement de doële & d'extrados d'un berceau, rassemblés dans une même épure, & des surfaces planes des joints de lits, étendues chacune dans leur place.*

Soit pour exemple le plan ou la projection

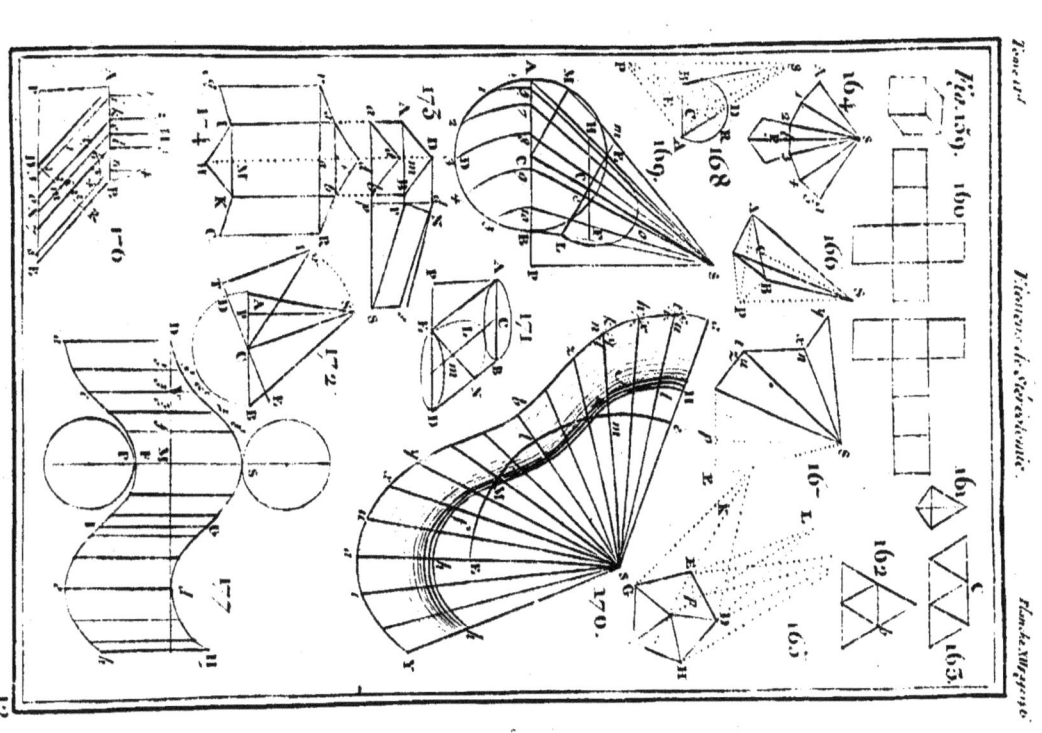

horizontale d'un berceau *biais* & en *talud*, le parallélogramme obliquangle ABED, suivant l'angle aigu DAB du biais sur la face AHB, représentée ici en projection de son talud par la demi-ellipse AVB, pour l'arête de l'extrados, & *aub* pour celle de la doële, lesquelles sont divisées en voussoirs par les joints tirés au centre C, 5.1, 6.2, 7.3, 8.4, raccourcis par la projection horizontale.

Fig. 171.

Sur l'axe ou le côté de ce parallélogramme, on tirera une perpendiculaire DR pour un des diametres de l'*arc droit*, qui est ici le petit axe d'une ellipse, dont CA ou CH, rayon du ceintre primitif, transporté en *ms*, donnera la moitié du grand axe, par le moyen duquel on peut la décrire, & sa concentrique *dsr* avec l'axe donné *dr*, & le rayon C*a* ou C*h* sans avoir recours aux à-plombs du ceintre primitif AHB à l'extrados, & *ahb* à la doële: par la même méthode, on peut décrire l'ellipse de projection de la face en talud AVB, & sa concentrique *aub* avec les grands axes donnés AB, *ab*, & les moitiés des petits axes à la projection du talud B*u*, BV.

Nous faisons ici cette observation, pour montrer que l'on peut se passer d'un ceintre primitif vertical, qui n'est ici qu'imaginaire & supposé, puisque la face ne doit

K ij

pas être verticale, mais en talud, comme le montre le profil VBT : car on pourroit faire servir l'ellipse de projection A*u*B, & son asymptotique concentrique *aub* de ceintre primitif, en divisant sa circonférence en parties égales ou inégales aux points 5, 6, 7, 8, d'où on tireroit des joints de tête du centre C, sçavoir, 5.1, 6.2, 7.3, 8.4, par lesquels on meneroit des parallèles à l'axe CX, ou au côté AD, qui couperoient l'ellipse de l'arc droit aux points *c*, *f*, *g*, I, d'où l'on tireroit aussi des joints à l'axe CX au centre *m* de l'arc droit.

Il faut remarquer que quoique les deux ellipses de projection de face & de l'élévation de l'arc droit, ne sont pas divisées par cette opération, suivant la regle que nous avons donnée par des lignes perpendiculaires à la tangente du point de division, parce que ces perpendiculaires, par exemple, aux points 5 & *e* ne seroient pas parallèles entr'elles, comme le joint de tête 5.1, ne seroit pas parallele à *ek*; d'où il résulteroit que la surface du lit ne seroit pas plane, mais gauche ; ce qu'il faut éviter, autant qu'il est possible, au lieu qu'en tirant les joints de tête dans la même direction à l'axe, les lits sont des parties planes d'un parallélogramme par l'axe du cylindre, dont il importe aussi de connoître l'obliquité des joints de tête sur les côtés, comme on le verra ci-après.

Suppofant donc qu'il ne s'agit ici que de faire un développement, fans égard à une divifion exacte en voufloirs, faifant fervir de ceintre primitif celui de la projection de face AVB, & que le berceau eft terminé à fa face poftérieure par un plan vertical, qui eft en plein ceintre, égal à celui qu'on a fuppofé en AHB fur le diametre $DE = AB$.

On tirera par tous les points, 5,6,V,7,8 à l'extrados, & 1,2,u,3,4 pour la doële, des paralleles à la direction AD du berceau, qui couperont le diametre de l'arc droit DR en 5′, 6′, m 7′, 8′, & à la doële en 1′, 2′, m 3′, 4′, & le diametre poftérieur DE en $5^t, 6^t \times 7^t, 8^t$ pour l'extrados, & $1^t, 2^t, 3^t, 4^t$ pour la doële: on aura tous les points néceffaires pour faire le développement des deux furfaces de doële & d'extrados dans le même plan & fur la même directrice, comme on va le montrer.

Ayant tiré en un lieu commode une ligne droite indéfinie pour fervir de directrice du développement propofé, comme en D^u, R^u, & ayant pris un point M pour le milieu des intervalles développés, on portera de part & d'autre de ce point fucceffivement les cordes du ceintre de l'arc droit, sçavoir, S, 6°. 6°. 5°. 5°, D d'un côté, & de même de l'autre jusqu'en R pour l'extrados; ensuite pour la doële de même, à commencer du même point M, les cordes S, 2°. 2°, 1°. 1°d d'un côté, & autant de l'autre jusqu'en r; ce qui donnera les points D^v, R^v pour les extrêmités de l'extrados, & d^μ, r^μ pour celles du développement de la doële.

Par tous ces points & tous les intermédiaires, 5^v, 1^v, 6^v, 2, &c. on menera des perpendiculaires indéfinies de part & d'autre de la directrice D^v, R^v, sur lesquelles on portera les distances de cette ligne aux points de projection sur la premiere figure du plan, sçavoir, D A du plan en D^v, A^v, $5'$, du plan en 5^v; $5'$, $6'$, du plan en $5°$, 5^v; $m7$ du plan en M 7^v du développement, ainsi du reste, pour un des côtés de la directrice, où est la projection de la face : ensuite on reprendra pour l'autre côté du derriere les distances de *l'arc droit* D R à la face postérieure D E, lesquelles donneront les points 5^z, 6^z, 7^z, 8^z, & e, distance de R E du plan, & par tous les points trouvés au développement de la face à la doële, on tirera la courbe a^v, 1^v, 2^v, 3^v, 4^v, & à celle de l'extrados, A^v, 5^v, 6^v, 7^v, 8^v, B^v, qui sont ici comparées sur le même plan, où l'on voit leur différence de contour &

de longueur. Il en résultera une autre à la face postérieure, qui diffère autant en longueur, mais beaucoup moins en ondulation de contour, parce qu'on ne lui suppose point de talud comme à la premiere.

Les Auteurs de la coupe des pierres, non contens de faire le développement de ces contours, pour montrer l'obliquité de chaque portion de développement, qui comprend un rang de vouſſoir entre deux paralleles, qui font les joints de lit, ajoutent encore, pardessus, les surfaces de ces lits, qui sont des parallélogrammes rectangles dans les berceaux droits, obliquangles dans les biais, & en trapeze lorsque les faces antérieures & postérieures ne font pas paralleles entr'elles, ou lorsqu'étant biais par la tête, un vouſſoir n'est pas assez long pour atteindre à la face opposée de ce même biais; car alors le joint de tête doit être parallele à l'*arc droit*, perpendiculaire à l'axe, c'est-à-dire à la direction de la voûte: ainsi la doële plate d'un tel vouſſoir est biaise par un bout, & quarrée par l'autre, comme celle qui se termineroit à l'arc droit, $6^v, 7^v, 6^l, 7^l$ du développement.

Je compare ici les surfaces des lits avec celles des doëles plates, parce qu'on en trouve les côtés de la même maniere, &

qu'ils font communs aux paremens intérieurs & extérieurs à la doële & à l'extrados : ainsi leurs longueurs sont égales à celles des distances de l'arc droit, & de la projection de la face verticale, ou bien en talud, comme est celle de notre plan de la premiere figure ; mais comme leur largeur, entre les deux surfaces de doële & d'extrados, dépend de celle de l'épaisseur de la voûte ; il peut arriver qu'elle est plus ou moins grande que celle de la doële : d'ailleurs les côtés formant les deux têtes, sont toujours des lignes droites, au lieu que ceux des doëles plates sont des cordes qui sont les soûtendantes des arcs des doëles concaves, auxquelles il faut enfin les réduire : ainsi, si l'épaisseur de la voûte est uniforme, les largeurs des lits sont égales ; & si elle ne l'est pas, comme lorsqu'on en épaissit les reins, elles deviennent aussi inégales en largeur.

Cette largeur étant déterminée à angle droit, on aura l'obliquité des joints de tête, en portant sur les joints de lit à la doële & *Fig. 179.* à l'extrados les différentes longueurs données par la projection, soit, par exemple, la surface du quatrieme lit de notre voûte à décrire, dont la projection est le trapeze, 4, 8, 9, k, & dont les joints de lit 4k, 8, 9 coupent l'arc droit D R aux points x, y.

Ayant tiré une ligne dr pour une portion du diametre de cet arc, on y portera pour la largeur du lit, l'épaisseur de la voûte I O prise au joint de tête de l'arc droit, & aux points I, O de la ligne dr, par lesquels on tirera des perpendiculaires indéfinies, sur lesquelles on portera, de part & d'autres, les longueurs de la projection, sçavoir $x 4$ en I 4, y 8 en o 8; & l'on tirera la droite 4.8, qui sera le joint de tête de la face en talud. De même de l'autre côté y 9 en o 9, & x 7 en I 7, le trapeze 4.8.9.7 sera le développement de celui qui est marqué des mêmes chiffres à la projection, dont il ne differe que par l'intervalle des côtés paralleles, qui est plus petit en xy que la largeur donnée I O; d'où il résulte que les angles des têtes sont plus aigus dans la projection que dans le développement mis à part.

On trouvera de même toutes les surfaces des autres lits, lesquelles, quoique de même largeur, si l'épaisseur de la voûte est uniforme, différeront à leurs têtes antérieures & postérieures par le plus ou moins d'ouverture de leurs angles, parce que les joints de lit qui les terminent, sont inégalement longs, étant évident que le talud les raccourcit à mesure qu'ils approchent de la clef.

Pour montrer toutes ces différences d'un coup d'œil, les Auteurs de la coupe des pierres les rassemblent, en les couchant sur le développement du côté où ils doivent être placés en exécution sur le joint de lit de doële qui leur est commun, comme l'on voit à la figure 178, en observant de les tourner, les uns d'un côté de l'extrados, & les autres de l'autre, afin que ces surfaces des lits ne recouvrent pas trop celles des doëles : cette expansion n'est pas inutile dans le *trait* sur le papier, parce qu'elle avertit des inégalités des angles des têtes ; mais elle n'est pas nécessaire dans l'épure, sur laquelle on prend les mesures ; il est moins embarrassant de les tracer chacune à part, parce que la multiplicité des lignes & des angles, & la confusion, donnent souvent occasion de se tromper, en prenant l'un pour l'autre.

Remarque.

On peut demander ici pourquoi la courbe ondée du développement de l'arc de face, les points de station & d'inflexion ne se trouvent ni au commencement ni au milieu comme dans le développement précédent.

La raison en est toute simple, c'est que les deux obliquités de *biais* & de *talud* n'ont pas été réduites en une feule, comme dans le problême précédent, le diametre qui paſſe par les naiſſances de la voûte n'étant pas celui de la plus grande obliquité de l'axe ſur le plan de la face : car nous avons fait remarquer que lorſque cet axe lui eſt incliné, il fait des angles inégaux avec tous les diametres, plus ou moins aigus & obtus, & les points de *ſtations* du développement ſont aux extrêmités de celui qui fait avec l'axe l'angle le plus aigu de tous, & ceux d'inflexions ſont à l'extrêmité de celui qui eſt perpendiculaire à ce diametre, & par conſéquent à l'axe, parce qu'il eſt entre les aigus & obtus, qui changent la direction du concave au convexe, & qu'on peut appeller le diametre de nulle obliquité.

Du développement des polyëdres pour ſuppléer à celui de la ſphere & des ſphéroïdes.

On voit dans les Elémens de Géométrie qu'il n'y a que *cinq corps réguliers*, c'eſt-à-dire enveloppés d'un certain nombre de ſurfaces égales entr'elles, & régulieres dans le contour d'un polygone, qui ne peut être que de trois, quatre ou cinq côtés égaux entr'eux.

Le premier de ces corps & le plus ſimple est le *tétraèdre*, enveloppé par quatre triangles équilatéraux.

Le second par six quarrés, est appellé *cube*.

Le troisieme par huit triangles équilatéraux, est appellé *octaèdre*.

Le quatrieme par douze pentagones, *dodécaèdre*.

Le cinquieme par vingt triangles équilatéraux, s'appelle *icosaèdre*.

Il seroit superflu de parler de ces développemens pour l'arrangement de leurs surfaces, il suffit de se rappeller ce que nous avons dit, qu'on ne peut assembler des angles à un même sommet, qu'autant que leur somme n'égalera pas quatre angles droits, parce que les angles solides, compris par plusieurs surfaces, sont toujours & nécessairement moindres que quatre droits.

Il est évident que si l'on émousse les *carnes* de ces angles solides, on arrondit le corps de plus en plus ; mais il arrive que ces mutilations produisent de nouvelles surfaces différentes ; en abattant les angles solides d'un tétraèdre, on change les triangles équilatéraux en exagone, & alors ce corps n'est plus régulier, étant composé de triangles de la nouvelle section, & d'exagones formés par leur mutilation.

Pareils émouffemens d'angles au *cube* font des *octogones*, au lieu des quarrés qui l'enveloppoient, ainfi des autres ; de forte que les développemens de ces nouveaux folides font compofés de polygones inégaux en grandeur & en nombre de côtés ; & quelque compofition que l'on faffe de figures égales, on ne peut en former un folide, compris par un plus grand nombre de côtés, que par vingt triangles équilatéraux.

Delà nous concluons que c'eft celui qui approche le plus de la figure de la fphere : mais fi on veut l'envelopper de figures planes, réguliérement inégales, on peut approcher infiniment de fa rondeur ; en voici le moyen le plus convenable & le plus facile.

Si l'on coupe la fphere par un plan paffant par fon axe P p, cette fection fera fans doute un cercle E p g p ; & fi on la coupe encore par le même axe d'une petite diftance E a vers le milieu, on aura une tranche, comme d'un melon, tracée par la nature des côtes, qu'on peut déployer fur une furface plane en fufeau, comme on voit en F u S e, dont la ligne droite du milieu eft le développement d'un demi-cercle P M p, que la Géométrie ne peut encore trouver que par une approximation, la-

Fig. 180.

quelle est cependant suffisante par la pratique; ensuite on peut diviser cette ligne droite en autant de parties qu'on veut, qui donneront des trapezes resserrés de plus en plus, à mesure qu'on approche du pole; c'est ainsi que l'on fait les fuseaux de papier pour envelopper les globes sur lesquels on décrit les lieux de la terre, ou les constellations des cieux.

Les Auteurs de la coupe des pierres divisent à peu près de même la surface de la sphere, quoique d'une maniere différente, en la supposant comprise par une grande quantité de zones coniques qu'ils sous-divisent en portions de méridiens pour former les joints de tête; ensorte que de l'une & de l'autre façon, on y considere une infinité de trapezes.

L'avantage qu'on trouve à cette seconde maniere, c'est qu'elle conserve une des deux courbures de la sphere, qui est la parallele à l'équateur; mais elle ne peut conserver l'autre, qui est celle des méridiens courbes d'un pole à l'autre, au lieu qu'à la précédente maniere, la sphere est sensée réduite en polyëdre inscrit ou circonscrit à sa surface; l'inscription dans la concave donne le moyen de faire usage des doëles plates, pour parvenir à l'excavation de la double courbure de concavité parallelement à l'équateur, & croisée par celle des portions de méridiens, c'est-à-dire des arcs de cercle dirigés au pole, qui est ordinairement le milieu de la clef du sommet, lequel dans cette position est le seul apparent; mais par une autre position de l'axe de niveau, on peut les voir tous deux à l'imposte de la voûte, si l'hémisphere est complet, ou du moins un seul, si la voûte est en niche, & qu'elle n'en comprenne que la moitié.

J'ai donné dans le quatrieme Livre de ma Stéréotomie les moyens de faire usage de l'une & de l'autre réduction de la sphere en polyëdre ou en zones coniques, en faisant remarquer les avantages & désavantages de chacune de ces méthodes, & corrigeant les erreurs dans lesquelles sont tombés les Auteurs qui m'ont précédé, en suivant celle des zones coniques, particuliérement quand il s'est agi d'en faire de différentes directions qui se croisent comme dans certaines dispositions des lits de voussoirs, formans dans sa surface concave des arrangemens, dont la projection horizontale donne des polygones réguliers.

Du développement des Hélices.

Il ne faut pas confondre le mot d'*hélice*

avec celui de *spirale*, comme font plusieurs personnes du monde, qui ne sont pas initiés dans la Géométrie. La spirale est une courbe plane, c'est-à-dire qu'on peut décrire sur un plan, mais une hélice est une courbe à double courbure, qui ne peut être tracée que sur une surface concave ou convexe.

L'hélice cylindrique est la courbe de l'arête d'une vis, tournant à distance de son axe de la longueur du rayon de la base du cylindre, & d'un mouvement toujours uniforme en deux sens, sçavoir, en circuit, & en montant ou descendant parallélement à lui-même, & en tems égaux ; ce qui produit une double courbure, provenant d'un double mouvement, l'un vertical, l'autre horizontal, tel est celui d'un escalier, tournant autour d'un noyau.

L'hélice conique diffère de celle-ci, en ce qu'elle s'approche ou s'éloigne continuellement de son axe.

Puisque les surfaces de ces deux corps de cylindre & de cône peuvent être développées, il est clair que les hélices qui y peuvent être décrites, sont aussi susceptibles de développement sur une surface plane.

D'où il suit que celles qui seroient tracées sur une surface à double courbure,

comme

comme la sphere & les sphéroïdes, ne pourroient être développées, puisque celles de ces corps ne peuvent l'être, comme nous l'avons dit.

Le développement d'un cylindre droit vers sa base, est, comme l'on sçait, un parallélogramme rectangle, dont la diagonale doit être le développement pour une révolution d'hélice régulicre, c'est-à-dire qui s'éleve d'un mouvement uniforme, composé de l'horizontal & du vertical, & continuer en ligne droite pour une seconde, troisieme, &c. révolution de même mouvement ; ce qui se présente assez à l'imagination pour n'avoir pas besoin d'autre démonstration, puisque c'est le résultat des mouvemens composés, dont le principe est si fécond dans les mathématiques.

Il n'en sera pas de même si le cylindre étoit scalene ou droit sur une base elliptique, parce qu'alors le mouvement horizontal n'est pas uniforme, en ce que l'hélice s'écarte plus en certains endroits de son axe qu'en d'autres, quoique le vertical le soit ; d'où il résulte un développement en ligne courbe. Par la même raison, le développement d'une hélice sur la surface du cône, développée, ne doit pas être une *ligne droite*, puisque le mouvement horizontal se resserre en s'approchant continuellement de l'axe jusqu'au sommet, où il se réduit à rien; d'où il résulte une ligne courbe, parce qu'en divisant ce mouvement en petites parties de trapezes, comme des parallélogrammes de même hauteur & d'inégale largeur, il est clair que leurs diagonales ne se continuent pas en ligne droite, mais font un angle, en changeant de direction.

COROLLAIRE.

Puisque le nombre des révolutions autour d'un cylindre dépend du mouvement vertical, déterminé par l'ouverture de l'angle de la diagonale, à l'égard d'une face horizontal, il suit que cet angle, pouvant infiniment varier, on peut faire passer une infinité d'hélices différentes entre deux points donnés sur le cylindre, qui feront plus ou moins de révolutions pour atteindre à la hauteur donnée, comme des vis dont l'intervalle qu'on appelle le *pas*, peut être aussi serré ou écarté que l'on voudra, dont le développement sur la surface du cylindre sera toujours une ligne droite, s'il est égal: ainsi pour tracer une hélice sur un cylindre ABED, ayant *dégauchi*
Fig. 181. (en terme de l'Art) les deux diametres opposés de la base supérieure AB & de

l'inférieure DE, par le moyen de deux regles parallelles, on tirera de leurs extrêmités A & D & B & E, deux lignes droites fur la furface du cylindre, qui feront telles, parce qu'elles feront les côtés droits du cylindre & ceux du parallélogramme par l'axe ABED : enfuite ayant divifé la hauteur DA en autant de pas qu'on voudra, par exemple, un & demi qui font trois moitiés aux point fg, on fera avec du carton ou une lame de plomb ou de ferblanc, un triangle rectangle FEd dont EF fera égal au tiers de la hauteur, & le côté Ed égal à la demi-circonférence de la bafe du cylindre EID; puis appliquant le côté EF fur celui du cylindre, & pliant ce triangle fur fa furface convexe ou concave, en forte que le point d du triangle foit appliqué & plié en D, on tracera le long de fon hypoténufe, fervant de regle, la courbe DkF qui fera l'hélice demandée : on portera en fecond lieu le même panneau en triangle fur le côté oppofé AD, à la premiere divifion f & à la feconde g, & l'on repliera en fens contraire le même carton ou lame de plomb, avec lequel on tracera le long de fon hypoténufe Fg (qui étoit ci-devant Fd), la moitié de l'hélice du derriere Flg, ainfi de fuite, comme la figure le montre; &

L ij

l'on aura une révolution & demie D F g B. *Ce qu'il falloit faire.*

Il eſt clair que cette pratique ne peut être appliquée au même uſage ſur un cylindre ſcalene, non plus que ſur un droit, ſur une baſe élliptique, ni ſur une ſurface conique, parce que le développement des hélices en ces cas, n'eſt pas une ligne droite, comme nous l'avons remarqué ci-devant. On a déja été préparé à cette connoiſſance par les courbes ondées des développemens des baſes des cylindres & cônes ſcalenes, que nous avons trouvés par les problêmes précédens.

Pour tracer ces hélices, il faut tracer ſur les ſurfaces de ces corps, autant de côté droits qu'on voudra avoir de point à chaque révolution, & diviſer de même la hauteur du *pas* donné & monter à chaque ligne droite d'une de ces diviſions, Fig. 182. & avec une regle pliante fort étroite, appliquée de point en point, on tracera l'hélice demandée ſur une ſurface concave ou convexe de cylindre ou de cône.

S'il s'agiſſoit d'en tracer une ſur une ſurface ſphérique, on traceroit des arcs de méridiens au pole, ſur leſquels diviſés en proportion, on monteroit d'une diviſion en paſſant d'un méridien à l'autre.

Usage.

La description des hélices tombe assez souvent en pratique, pour la formation des vis, des colonnes torses, & les faux limons en tour creuse des escaliers tournans sur un noyau.

Application des principes de projections horizontales, verticales, & de développement à la pratique des traits de la coupe des pierres.

Probleme general

Pour les voûtes cylindriques & coniques.

Les élévations de deux faces opposées, tracées dans des plans supposés parallèles entr'eux, & réunies dans le même, par la projection verticale, avec la projection horizontale de leurs intervalles étant données, trouver la figure de chacune des parties de la surface d'une voûte cylindrique ou conique, réduite en prisme ou en pyramide par des doëles plates, passant par les cordes des arcs des divisions en voussoirs. (En termes de l'Art) Une double élévation des faces de devant & de derriere, avec le plan & profil d'une voûte en berceau ou conique, étant donnés, trouver les panneaux de lit de tête & de doële plate.

Ce problême peut être confidéré comme une folution générale, applicable à toutes fortes de variations de voûtes cylindriques & coniques, comme nous allons le montrer par des exemples particuliers des différens cas qui peuvent tomber en pratique.

1°. S'il s'agit d'un berceau *droit* fur une face verticale, fa direction étant également perpendiculaire fur la face antérieure & la poftérieure, il eft évident qu'une feule élévation eft équivalente à deux.

2°. Si le berceau eft *biais*, c'eft-à-dire oblique fur fes faces, égales entr'elles, la double élévation fera tranfportée de droite à gauche d'une diftance horizontale qui fera égale au finus verfe BV de l'angle du biais DCX = EBV.

Fig. 183. 3°. Si le berceau eft en defcente fimple, c'eft-à-dire fans aucune obliquité fur la direction horizontale de fa face, ce qu'on appelle *defcente droite*, la diftance de l'élévation antérieure au deffus ou au deffous de la poftérieure fera réglée fur une ligne verticale par la fomme de la hauteur des marches de cette defcente ou montée; ce qui eft la même chofe.

4°. Si la defcente ou montée eft *biaife*, elle fera placée à droite ou à gauche à la diftance de cette déviation, mefurée fur la projection horizontale, depuis le plan vertical, paffant par l'axe d'un berceau, qui feroit fuppofé comme le précédent en defcente droite.

Par où l'on voit que connoiffant toutes ces différences de pofitions dans l'intervalle horizontal des deux faces, on parviendra auffi à connoître celles de leurs parties proportionnelles, fçavoir, à la moitié de la profondeur, la moitié de leurs différences à droite ou à gauche en haut ou en bas.

Ce que nous avons dit des variations des fituations des voûtes en berceaux cylindriques, s'applique auffi aux coniques tronquées, comme les voûtes en canonieres, quoiqu'un peu plus difficiles que les fimples berceaux, comme nous le montrerons plus fenfiblement par des exemples détaillés : car on peut confidérer les berceaux comme des cônes, dont les fommets font infiniment loin ; d'où il fuit que les projections des joints de lit, qui font convergentes dans les voûtes coniques, font paralleles dans les cylindriques, & que l'exemple d'un trait de conftruction, formé fur les premieres, devient beaucoup plus facile dans les fecondes : c'eft pourquoi nous choifirons les plus difficiles pour l'inftruction.

Premier exemple.

S'il s'agit d'un berceau horizontal droit sur sa face, il est évident que tout ce qui est nécessaire pour former les panneaux d'un voussoir, est donné, dès qu'on a le plan & l'élévation.

Car 1°. la projection horizontale donne les longueurs des joints de lit, qui sont parallèles à ceux de la voûte, qu'on suppose de niveau.

2°. Leur intervalle est donnée à l'élévation par les cordes des arcs compris dans les divisions des joints de tête, si le berceau est droit, d'où l'on tire la figure de la doële plate en parallélogramme rectangle.

3°. La surface des lits est donnée pour les longueurs dans le plan, & pour les largeurs dans l'élévation aux joints de tête entre la doële & l'extrados en parallélogramme rectangle.

4°. Les panneaux de tête sont donnés à l'élévation, lesquels sont des portions de couronnes de cercle, comprises entre les deux joints de tête.

SECOND EXEMPLE

Pour une voûte conique droite, complete ou tronquée.

La double élévation & la projection horizontale étant données pour l'appareil d'une voûte conique, tronquée *droite* sur ses faces, on a tout ce qui est nécessaire pour faire les panneaux des voussoirs.

1°. Ceux de lit sont exactement donnés au plan horizontal en A *a d* D ou en *e* E B *b*, épaisseur de la voûte à son imposte, comme il est clair, si on la suppose uniforme, & quand même elle seroit plus épaisse aux reins qu'à la clef, il n'y auroit point de changement dans les angles des têtes antérieurs & postérieurs A *a d* obtus, & D *d a* aigus : la différence ne tomberoit que sur la différence de l'épaisseur aux reins qui élargiroit le panneau sans l'alonger. *Fig.* 2.

La raison de cette égalité de surface des lits est facilement conçue par l'uniformité du mouvement de la génération du cône, par la révolution du triangle rectangle, par l'axe *b* C X tournant sur son côté X C.

D'où il suit encore que tous les joints de lit étant égaux à ceux de l'imposte *a d*, *b e* on a la valeur de leurs projections dans le plan horizontal où leur longueur est toujours raccourcie, parce que ces joints de lit ne sont pas en situation horizontale, comme à la projection, mais inclinés à l'horizon de plus en plus, à mesure qu'ils approchent de la clef.

2°. Parce que tous les panneaux de doële plate seront égaux entr'eux, & à celui de la clef, on peut en trouver les mesures & la figure par le moyen des cordes des deux élévations divisées proportionnellement en voussoirs, comme il suit. Ayant tiré deux lignes indéfinies perpendiculaires l'une à l'autre comme MS, Nn on portera la longueur d'un joint de lit pris en ad du plan sur Ms en m, par où on menera rR parallele à Nn, ensuite des points M & m on portera de part & d'autre la demi-largeur d'une corde de l'axe d1, de la division du cintre de face & de celui de derriere G 5, dont on a les élévations dhe, & GHg; de M en d & en 1 sur Nn & en G & en 5 sur rR, & par les points trouvés on tirera les lignes dG & 1. 5, qui termineront le trapeze G 5. 1 d qui sera le panneau de la doële plate d'un voussoir, qui servira pour tous, si la division est faite en parties égales.

Fig. X.

3°. Les panneaux des têtes antérieures & postérieures sont donnés aux deux élévations, comprenant une portion de couronne de cercle chacun, comme D *d* 1. 3, & les suivans 3. 1 ; 2. 4. sur le devant, & F G 5 1 & 1. 5. 6. 2 sur le derriere.

Nous ne parlons point des panneaux d'extrados qui sont de peu d'usage, parce qu'ils sont rarement apparens, & qu'étant convexes & terminés par deux arcs de cercles mis dans leurs positions relatives, on peut, s'il falloit les former, abattre la pierre entre les deux arcs des têtes, à la regle posée de l'une à l'autre, suivant la direction de la voûte, c'est-à-dire de l'axe qu'on y doit supposer, au sommet duquel S tous les côtés du cône doivent tendre en ligne droite ; ce qui se fait en posant la regle proportionnellement sur les deux arcs de tête qui sont inégaux, sçavoir du milieu du grand au milieu du petit, du tiers de l'un au tiers de l'autre, ainsi du reste, en sorte que la regle ne soit pas parallele à la tête du joint de lit, mais concourant au même sommet S du cône ; car pour peu quelle fût inclinée, elle tomberoit sur la convexité d'une section hyperbolique, à laquelle une regle droite ne peut être adoptée.

Troisieme Exemple

Pour les voûtes biaises cylindriques.

Les mêmes projections verticales des élévations antérieures & postérieures rassemblées dans leurs positions respectives, & l'horizontale des joints de lits étant données, on aura facilement tout ce qui est nécessaire pour faire les panneaux ou modeles des surfaces planes qui enveloppent un voussoir quelconque, lesquelles se réduisent à cinq, ne comptant pas l'extrados qui est rarement vu; 1°. sçavoir la doële plate, 2°. deux lits de dessus & de dessous, & deux têtes portions des faces antérieures & postérieures.

1°. Les longueurs des joints de lit sont toutes données étant paralleles & égales, en œuvre, & au plan horizontal, parce qu'on suppose la voûte de niveau par ses impostes.

2°. Les cordes des divisions des arcs de face B 1, 1, 2, &c. sont aussi données dans les élévations; on a donc déja deux côtés des panneaux de doële, avec lesquels on pourroit former les parallélogrammes qui sont les modeles des doëles plates, si le berceau étoit droit, parce que leurs angles seroient aussi droits; mais à cause de l'o-

Fig. 183.

bliquité de sa direction, aucun d'eux n'est rectangle, ni également obliquangle, les uns plus les autres moins, suivant leur obliquité à l'horizon ; de sorte que le plus oblique de tous est celui de la clef, parce que la corde ƒ 3 étant de niveau, elle est parallele à la projection horizontale. D'où il suit que le panneau de cette clef y est donné dans toutes ses mesures k l n p, dont les angles obtus & aigus sont égaux à ceux de la direction du berceau CX, sur ses faces B d, E D.

Il n'en est pas de même des autres panneaux de doële, il faut chercher cette obliquité qu'on trouve par une maniere fort simple ; il ne s'agit que de tirer une perpendiculaire de l'extrêmité d'une des projections des joints de lit à l'autre, comme pour la seconde doële de p en R : la distance P R étant horizontale est donnée dans la mesure : ainsi dans le triangle rectangle P R p, on a deux côtés donnés P R, & la corde de tête 1. 2 ou e ƒ, qui est la valeur de la projection P p, & l'angle droit P R p : on aura donc l'angle p P R que l'on cherche en posant à volonté un angle droit o R y à part, & prenant R o égal à R P, & avec le compas ouvert de l'intervalle de la corde e ƒ ou 1. 2 & posé au point o pour centre, on fera un arc en 2 y

Fig. 184.

qui coupera la perpendiculaire en y, d'où par le point o on tirera oy qui fera la valeur de la projection Pp : ainfi l'angle yoR eft celui de l'obliquité de la tête du fecond panneau de doële plate.

Il eft clair que pour avoir celui de la premiere, on doit tirer du point P une perpendiculaire Pr fur Eb & opérer de même, & on aura un agle plus ouvert que yo, parce que le côté br étant plus petit que PR, & l'hypoténufe étant la même que dans le triangle précédent, l'angle qui lui fera oppofé fera plus petit : par conféquent fon complément fera plus grand. Ce qu'il falloit démontrer.

On voit qu'il en fera de même des furfaces des lits, mais dans un fens contraire, c'eft-à-dire que le parallélogramme le plus oblique qui en doit faire le panneau, eft celui de l'impofte abEg, & que les fuivans approchent de plus en plus du droit, parce qu'au contraire des doëles, leur projection fe rétrecit en montant, en forte que s'il y avoit un lit au milieu de la clef, il feroit rectangle, comme nous l'avons démontré ci-devant, en parlant des points de ftation du développement du contour des bafes des cylindres fcalenes. Au refte, leur obliquité fe trouvera, comme nous venons de l'enfeigner pour les doëles, par exemple le premier lit est celui de l'imposte dans ses mesures au plan horizontal $abEg$: pour avoir le second, passant par la tête 1.5, dont la projection de l'extrados tombe en p^s, on tirera par ce point une parallele à bE, qui est le joint de lit commun à la premiere doële, & l'on tirera Pz sur $p^s t$, qui donnera la ligne $p^s z$ pour un côté du triangle rectangle à former, & le joint de tête pris sur l'élévation, pour l'hypoténuse qui sera le rayon pour l'arc bv qui coupera zv en v ; l'angle $v p^s z$ sera celui de l'obliquité du lit de dessus du premier voussoir, qu'il falloit trouver; ainsi des autres.

Fig. 185.

On peut remarquer que la double face projettée sur un même plan, n'étoit pas ici nécessaire, à cause de l'égalité & uniformité de l'antérieure avec la postérieure ; mais il n'en est pas de même aux voûtes coniques biaises dont nous allons parler : il faut y appliquer la pratique générale de l'énoncé du problême dont nous allons donner un exemple qui y servira d'introduction.

Cependant pour faire l'application de l'énoncé du problême à toutes sortes de voûtes, si l'on veut, en se servant de la double élévation projettée sur une surface verticale, on trouvera d'une autre maniere l'obliquité des parallélogrammes des lits & des doëles.

Suppofant par exemple, qu'on cherche celle du premier lit, dont la projection verticale eft le parallélogramme 5 *me* 1; on prolongera le joint de tête *em* de la face poftérieure indéfiniment vers T : enfuite des extrêmités du joint de tête de la face antérieure correfpondant 1. 5, on abaiffera des perpendiculaires fur la ligne *e* T, qui la couperont aux points *t* & T. On portera cette ligne à part, comme à la fig. 186, avec fes divifions *m t* T, puis par les derniers *t* & T, on lui menera des perpendiculaires indéfinies, & avec le compas ouvert de l'intervalle d'un des joints de lits donné à la projection qui font tous égaux, on pofera une des pointes en *e* pour centre, & avec l'autre on fera une arc de cercle qui coupera *t* 1 au point N, & faifant de la même ouverture & du point *m* pour centre un fecond arc qui coupera T 5 en M, fi l'on tire les lignes N E, M *m*, on aura la furface du premier lit dont la projection verticale eft 1. 5 *me* de la fig. 183.

La démonftration en eft fenfible en ce que la ligne *e* T étant dans un plan vertical, parallele à celui de l'élévation antérieure, elle n'eft point raccourcie, non plus que fes divifions *m t* T : en fecond lieu, les
joints

joints de lit étant auſſi dans un plan horizontal, parallele à ceux qui ſont en œuvre, le berceau étant de niveau, on a dans les triangles et N, m T M rectangles en t & T, deux côtés & un angle; ſçavoir et & mT & eN, mM; donc on a auſſi l'angle teN complément de tNe ou ſon ſupplément à deux droits eNM, qui ſont ceux de l'obliquité de la ſurface du lit demandé.

Par la même pratique on trouvera auſſi celle des parallélogrammes qui ſont les modeles des doëles plates, d'une maniere différente de celle que nous avons donnée, par exemple, pour la ſeconde dont la projection verticale eſt le parallélogramme z fe 1. On prolongera la corde F e indéfiniment vers x & des points 1 & 2, on lui menera des perpendiculaires qui la couperont en x, y.

On portera enſuite la ligne fx à part, avec ſes diviſions e, y & x : puis ayant élevé des points x & y, des perpendiculaires indéfinies xV, yu, des points f & e pour centres, & de la longueur d'un des joints de lits donnés au plan, on fera des arcs VS, us qui couperont ces perpendiculaires aux points V & u, ſi par ces points & f & e, on fait le parallélogramme Vu, fe, on aura la ſurface du panneau de doële plate, qu'on cherche par les mêmes

Tome II. M

raisons que nous venons de donner, pour celle du lit, parce que dans les triangles rectangles $fx\,V$, eyu, on a deux côtés donnés, sçavoir fx & ey, sur l'élévation, eu & fV dans la projecton horizontal ; par conséquent l'angle aigu Vfe ou l'obtus, font supplément à deux droits fuV qui font ceux de l'obliquité que donne la direction biaise du berceau sur ses faces antérieures & postérieures ; car il est évident que les lignes fx & efy, font les différences des directions droites Vx & uy de ces faces parallèles, entre elles suivant la suposition.

Quatrieme Exemple,

Pour les voûtes coniques scalenes ; telle est à double obliquité une descente biaise ébrasée en canoniere.

Soit le trapeze ABED le plan horizontal d'une voûte conique tronquée rampante, c'est-à-dire, dont l'axe est incliné à l'horizon, en montée ou en descente, de la hauteur Br, perpendiculaire sur de, diametre de la face postérieure dhe, & aHb la face antérieure, plus élevée, dont la projection horizontale est la ligne AB.

Soient aussi ces deux faces projettées sur un même plan vertical DAHBE, où l'o-

Fig. 187.

bliquité de l'axe, à leur égard, est exprimée par la projection c C.

Ayant fait les projections horizontales p^1 q^5 p^2 q^6 des joints de lit, à l'ordinaire, par les retombées des divisions des arcs inégaux de ces deux faces, on reconnoîtra qu'elles sont toutes racourcies, parce qu'on suppose qu'elle doivent être dans un plan incliné à l'horizon suivant un profil A H S qui est la pente du plan de la descente A c S, & comme toutes ces projections horizontales des joints de lit sont de longueurs inégales, puisqu'elles sont inégalement inclinées entre les deux paralleles A B, D E, & cependant qu'elles doivent être dans le plan de descente; il faut, pour avoir leur véritables longueurs, les chercher chacune par un profil qui ait la hauteur commune br, posée perpendiculairement à leur extrêmité sur le plan de la projection horizontale.

Fig. 188.

Mais ces longueurs ne donneront pas celles de joints de lit, comme aux berceaux, parce que la voûte étant conique, est plus inclinée au plan de la *descente vers* la petite face, qu'à la plus grande, excepté aux impostes, où les joints de lit sont dans cette descente comme A^s D, B^s E, à l'extrados, & leurs correspondans sur ad & be à la doële ; de sorte qu'il faut chercher la valeur des autres joints de lit par des profils particuliers, lesquels étant trouvés, fourniront le moyen de former les panneaux de lit & de *doële plate*, auxquels ils sont communs à la doële ; ainsi ayant prolongé l'horizontal ED, à volonté en O, on y élevera une perpendiculaire O 5' égale à la hauteur 5. p^s, de la retombée de la premiere division 5, du ceintre de la face postérieure *d h e*, & ayant pris la longueur de la projection horizontale du premier joint de lit $p^1 q^s$, on la portera sur la base du profil en OR, où l'on élevera la perpendiculaire R 1e, égale à la hauteur P 1, du point 1 de la division du grand ceintre de face, sur l'horizontale OE, & l'on tirera la ligne incliné 5^i, 1e qui sera la véritable longueur du premier joint de lit, dont la projection verticale sur l'élévation est la ligne 1, 5.

Fig. 187.

On trouvera de la même maniere la valeur du second joint de lit, dont la projection verticale est 6. 2, & l'horizontale $q^6 p^2$; laquelle derniere sera portée au profil du point O en Q : & les hauteurs antérieures Q 2e, & postérieures O 6^1 donneront les points 6^i, 2e, par lesquels ayant tiré une ligne, on aura la valeur du second joint de lit égale à celui de la voûte, en ses mesures qui étoient raccourcies dans les deux projections verticale & horizontale.

On cherchera de même les deux autres joints de lit par leurs projections horizontales $q^7. p^3$; $q^8. p^4$, qui sont encore inégaux entr'eux; mais dont nous ne mettons pas ici les profils, pour éviter la confusion dans la figure : ces longueurs de joint de lit étant trouvées, on s'en servira pour former les panneaux ou modeles des lits, & ensuite des doëles qui sont encore tous inégaux en étendue & en obliquité de leurs angles.

Premiérement pour les panneaux des lits qui sont des parallélogrammes, si la voûte est d'épaisseur uniforme, on prolongera sur l'élévation, les joints de tête du petit ceintre $5 n^1$ en n indéfiniment pour le premier joint de lit, & des points 1 & 1^x des joints de tête du grand ceintre, on abaissera sur la ligne 5^n, deux perpendiculaires $1.0, 1^x n$, qui la couperont aux point o & n.

Fig. 187.

•On portera ensuite où l'on voudra à part, la ligne 5^n comme à la figure 190, en N 5 avec ses divisions O & n^1; puis ayant élevé aux points N & O des perpendiculaires indéfinies N 1^x, o 1, on prendra, avec le compas, la longueur du premier joint de lit au profil $5^i 1^e$, & des points 5 & n^1 de la figure 189, comme centres,

M iij

on fera des arcs de cercle qui couperont, l'un la ligne O 1ᶜ, l'autre N 1ˣ aux points 1ᶜ 1ˣ, par lesquels ayant tiré les lignes 1ˣ, n¹, 1ᶜ 5, & la ligne 1ˣ 1ᶜ, on aura le parallélogramme 1ˣ 1ᶜ 5 n¹, qui sera la surface du premier lit, passant par les divisions 5 & 1 des deux ceintres de face à la doële.

On trouvera à peu près de même les surfaces des doëles plates, qui ne seront pas des parallélogrammes, mais des trapézoïdes inégaux, plus larges par un bout que par l'autre, dont les côtés seront aussi inégaux entr'eux, mais les longs seront égaux à ceux des lits trouvés par le profil ci-devant.

La maniere d'y parvenir est tellement semblable à celle que nous avons donnée, que nous pourrions y renvoyer le Lecteur; mais comme cette pratique n'est pas l'ordinaire, il a paru bon d'en répéter l'exemple pour la premiere & la seconde doële plate, dont les projections verticales sont les quadrilateres a d 5. 1, & 1. 5. 6. 2 pour la seconde que nous allons chercher.

Ayant prolongé la corde du second panneau de tête 5. 6 de part & d'autre en V & u indéfiniment, on abaissera sur cette ligne des points 1 & 2 du grand ceintre, les perpendiculaires 1 V, 2 u, qui couperont la corde du petit prolongée, aux points V & u.

On portera ensuite à part comme à la figure 190, la ligne V u avec ses divisions 5.6, & l'on élevera sur les points V & u des perpendiculaires indéfinies V 1e, u 2e; ensuite ayant pris au profil de la 1re figure 187, la longueur du joint de lit 5. 1e : on fera de cet intervalle pour rayon, & du point 5 pour centre, un arc qui coupera la perpendiculaire V 1e au point x, & du point 6 pour centre, & la longueur de joint de lit 6^i 2e du profil, on fera un arc qui coupera la perpendiculaire u 2e au point y : le trapeze 5 $x y$ 6 sera la surface du second panneau de la doële plate, demandé.

Le premier aura pour côté, à l'imposte, la longueur A^s D, & son opposé sera le même que 5 x qui est commun aux deux doëles.

Les autres de l'autre côté de la clef se trouveront par la même méthode tous inégaux, à cause de la double obliquité du demi-cône tronqué sur la direction horizontale de son axe en *biais*, & son inclinaison en *descente*.

S'il y avoit une 3e obliquité de talud ou de surplomb, on en trouveroit aussi de même les joints de lits qui seroient racourcis ou ralongés, à la projection horizontale par la projection, horizontale aussi, de la face inclinée qui seroit une ellipse, comme nous l'avons dit, qui seroit inscrite dans le trapeze ABED, en cas de talud, en FTB, ou ajouté au dehors en cas de surplomb; ce qui alongeroit ou racourciroit les joints de lits d'une quantité horizontale dont on trouveroit la valeur par le profil à ajouter ou à souftraire de ceux de la voûte supposée entre deux faces à plomb, comme celle dont nous avons donné l'exemple $p^2 t$ en $R t$, qui donneroit $T 2^e$ de moins de longueur au second joint de lit qui seroit réduit à celle de $6^i T$ du même profil.

D'où il suit que le côté $6\, 2^e$ de la doële plate, seroit aussi racourci d'une quantité égale $z y$, ainsi de l'autre côté; ce qui est facile à comprendre, qui seroit un peu long à d'étailler & exigeroit une figure de plus, pour montrer la différence des surfaces des panneaux de lit & de doële plate; ce qu'on peut concevoir par ce que nous avons dit ci-devant des moyens de profiler par les voies de circonscription ou d'inscription de figures régulieres aux irrégulieres.

Pour démontrer les raisons des inégalités des angles des têtes des doëles plates, il n'y a qu'à jetter les yeux sur les courbes ondées que produisent à la base d'un cône fcalene, les développemens relatifs à différentes obliquités, dont les divifions des têtes de nos vouffoirs en doëles plates, font des cordes, qui fuivent la nature des parties concaves ou convexes de ces courbes de développement, & leurs points de *ftations* & *d'inflections*, lefquelles étant cependant appliquées fur la furface plane de la bafe du cône, s'y adaptent de maniere que toutes ces ondulations s'évanouiffent, fe changeant au contour régulier d'un cerle plan, & nos cordes de tête en un polygone infcrit dans ce cercle.

Ce que nous difons ici de nos voûtes coniques, convient auffi aux cylindriques fcalenes, dont le développement des contours de leurs bafes, eft de même des courbes ondées : en effet, ce doit être dans le fonds, la même courbe, fi l'on veut confidérer un cylindre comme un cône dont le fommet eft infiniment loin ; c'eft pourquoi les angles & les têtes des furfaces des doëles plates, font les unes faillantes & les autres rentrantes ; fçavoir, faillantes pour former la partie convexe de la courbe, & rentrantes pour la concave.

Nous avons rendu raifon dans l'exemple précédent de l'ufage de la double élévation des furfaces antérieures & poftérieures pour les berceaux ; c'eft auffi la même pour les voûtes coniques, comme on a pu le remarquer.

Nous allons encore donner un problême général, pour parvenir aux mêmes fins par un autre moyen.

Autre Probleme General,

~~Pour la~~ formation des panneaux des vouſſoirs de toutes ſortes de voûtes, réduits en ſurfaces planes.

La projection horizontale d'un polyëdre quelconque, & les verticales de ſes faces étant données, trouver la figure de toutes les ſurfaces dont il eſt enveloppé (*ou en terme de l'Art, pour notre ſujet*), *le plan horizontal & les élévations des faces des voûtes étant données, trouver les panneaux de tête de lit & de doële plate, de toutes ſortes de figures dont elles peuvent être régulieres ou irrégulieres.*

Dans le problême précédent, nous avons réduit les cônes en pyramides, & les cylindres en priſmes, d'autant de côtés qu'on a voulu de rangs de vouſſoirs, aux doëles plates, pour la facilité de l'exécution des voûtes, quoiqu'il y ait d'autres manieres par leſquelles on peut former immédiatement des ſurfaces concaves & convexes; la nature de ces deux eſpeces de corps fourniſſant des lignes droites, lorſqu'on les coupe de certaines façons ; ſçavoir, les cylindres, parallélement à leurs axes, & les cônes par leurs axes, de ſorte qu'on en peut former des parties à la regle, quoiqu'en ſurfaces rondes ou creuſes.

Il n'en eſt pas de même des ſurfaces concaves ou convexes, à double courbure ; par exemple, l'une en direction horizontale, l'autre en verticale, comme ſont toutes celles des ſpheres, ſphéroïdes annulaires hélicoïdes, & d'autres irrégulieres que l'on diviſe en vouſſoirs, par des ſections, tantôt planes, tantôt coniques, qui ſe croiſent & forment des quadrilateres, compris par des lignes courbes (ordinairement concaves) pour la formation des doëles, & quelquefois auſſi convexes, dans certaines parties : telles ſont celles des voûtes ſur le noyau, depuis la clef juſqu'à ce noyau, quoique l'autre côté de la clef ſoit concave.

D'où il réſulte que tout étant courbe, on ne peut ſe ſervir de la regle, qui eſt le premier de tous les inſtrumens, pour la formation des ſurfaces ſur une pierre brute ; c'eſt pourquoi on eſt forcé de ſuppoſer ces corps ronds inſcrits dans des polyèdres, enveloppés de ſurfaces planes, les uns quadrilateres, lorſque les vouſſoirs coupés dans ces corps, suivant certaines directions, peuvent avoir leurs quatre angles de la doële dans un même plan, comme lorsqu'une sphere est coupée dans un sens, par son axe, & dans le transversal perpendiculairement à ce même axe: mais il est d'autres corps ronds où les sections qui se croisent ne fournissent pas le même avantage, en sorte qu'un des quatre angles du voussoir, n'est pas dans le même plan que les trois autres; alors il faut que le polyëdre soit enveloppé de triangles qui peuvent toujours s'appliquer à trois angles, comme il est démontré dans les Elémens de Géométrie: de sorte qu'il faut réduire ces corps à l'inscription d'un polyëdre de surfaces planes triangulaires, qui sont les plus simples de toutes, & leur derniere réduction, suivant ce principe. Tout l'art de notre problême consiste à *décomposer les surfaces des polygones résultans des projections horizontales & verticales, quadrilateres ou autres, par des diagonales qui les réduisent en triangles*, & comme les verticales, à l'égard des horizontales, forment toujours des angles droits, la plûpart de ces triangles sont rectangles, formés par les hauteurs à plomb, tombant sur le niveau du plan par les divisions des arcs, réelles ou supposées pour la facilité de

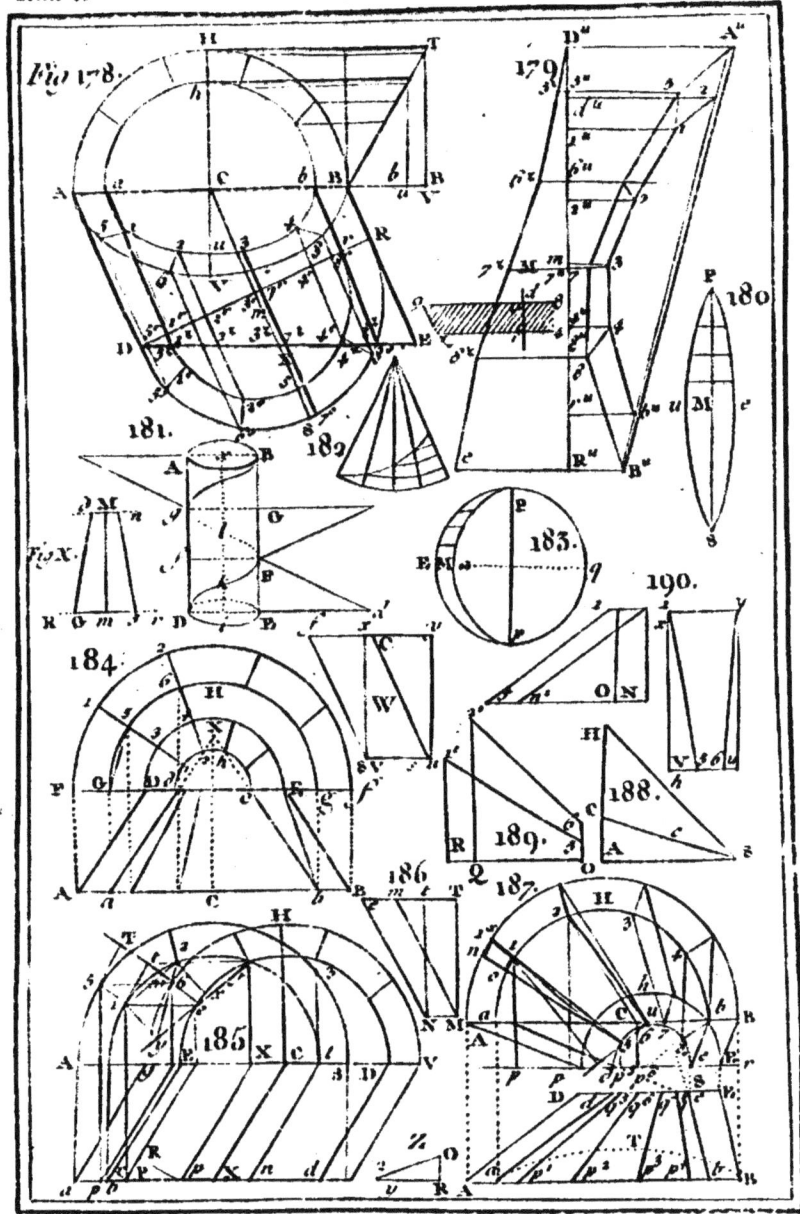

l'exécution ; ce qu'on va expliquer sensiblement par les exemples suivans.

Premier Exemple,

Pour la formation des lits & doëles plates d'un berceau droit ou biais.

Soit A B D E, la projection horizontale d'un berceau *biais* faite, comme il a été dit ci-devant, relativement aux divisions de son ceintre de face A H B, dont on cherche les panneaux des voussoirs.

Premièrement pour ceux de doële plate, par exemple, le premier dont la projection horizontale est le parallélogramme *agie*, ayant prolongé BA en F, on y portera la longueur de la diagonale *ai*, tirée d'un des angles *a* à son opposé *i*; sur le point A, ayant élevé une perpendiculaire A *h*, on y portera la hauteur de la retombée *g* 1, du premier joint de tête 1 : 5, à la doële 1 ; & l'on tirera la ligne F *h* qui sera la valeur de la diagonale horizontale *a i* de la projection qui étoit raccourcie au plan, parce qu'elle est inclinée à l'horizon, supposant le berceau de niveau ; on portera cette diagonale à part où l'on voudra, par exemple, au dessus en *fh*, & des points *f* & *h* comme centres, & les longueurs *ac* pour rayon, qui est la projec-

Fig. 191.

Fig. 191.

tion du joint de lit; on décrira des arcs de cercles vers *a* & vers 1 & des mêmes points, pour centres, & la corde *a* 1, pour rayons, on en d'écrira d'autres, qui couperont les précédens aux points *a* en bas, & 1 en haut; les lignes tirées par ces points de l'un à l'autre, formeront le parallélogramme obliquangle *f* 1 *h a*, qui sera le modele de la surface de la doële plate du premier rang de voussoirs au dessus de l'imposte.

De la même maniere, on formera la seconde au dessus, dont la projection est le parallélogramme *g o k i*, en portant à part la diagonale *g k* ou *o i* en *g* K; on élevera sur le point K une perpendiculaire K 2, *Fig. 193.* égale à la différence des hauteurs *g* 1, *o* 2, qui est G 2, la ligne inclinée *g* 2, est la valeur de la diagonale *g k* de la projection raccourcie, comme nous l'avons dit de la précédente. Cette valeur étant trouvée, on fera des deux extrêmités pour centre, & de la longueur d'un des joints de lit, qui sont tous égaux, des arcs au dessus & au dessous de cette ligne, & des mêmes centres, & avec la corde 1. 2 pour rayon, d'autres arcs qui couperont les précédens aux points *i* & *o* : le parallélogramme *g* 1, 2, *o* sera la seconde doële; ainsi des autres, excepté que la 3ᵉ à la clef *o p n k*, est donnée dans ses mesures à la projection, parce que ses cordes, 2.3, & son opposé à l'autre face, sont de niveau, par conséquent parallèles & égales à *op*, *nk*.

Il faut présentement trouver la valeur du lit passant, par exemple, par le joint de tête 3.7, dont la projection est le parallélogramme *pqsn*. Ayant tiré la diagonale *ps*, on en cherchera la valeur, comme nous l'avons fait pour les doëles, portant à part cette diagonale en PS; au point S on élevera une perpendiculaire S7 qu'on fera égale à différence des hauteurs des points 3 & 7, qui est ici Q7; puis des points P & 7 pour centres, & de la longueur de la projection d'un des joints de lits *pn* pour rayon, ou tout autre, puisqu'ils sont égaux, on fera des arcs de cercles dessus & dessous, en bas vers 3, & en haut vers *q*, qui couperont les précédens en 3 & en *q*, le parallélogramme *p*3 7*q* sera le modele du lit, passant par le joint de tête 3.7. C Q F T.

Fig. 194.

Ainsi on a tous les panneaux des voussoirs, sçavoir ceux de *doële*, par la premiere partie de cette construction; ceux de lit par la présente, & ceux de tête qui sont dans toutes leurs mesures à l'élévation, aux portions de couronnes de cercles. A5.1*a*, 5.6.2.1, &c.

Nousavons supposé le berceau biais également sur ses faces de devant & de derriere; mais s'il l'étoit inégalement, ensorte que ces faces ne fussent pas parallèles entr'elles, soit en directions verticales, inclinées différemment à l'axe, ou en inclinaison à l'égard de l'horizon, on pourra toujours se servir du même moyen, observant 1°. suivant ce que nous avons dit ci-devant, qu'alors les ceintres des deux faces seront de courbes inégales entr'elles, sçavoir, l'une *circulaire*, l'autre *elliptique*.

2°. Que les longueurs des joints de lits seront aussi inégales entr'elles, de sorte qu'il faudra prendre ceux qui sont produits par chaque à-plomb des divisions du ceintre; mais on aura toujours l'avantage de les avoir de leur véritable longueur sur la projection horizontale, tant qu'on supposera la voûte de niveau.

Fig. 195. Ainsi supposant le berceau A B D E biais par ses deux faces, & que l'on ait pris pour ceintre primitif celui de la face A B circulaire, que nous transportons en E F pour éviter la confusion des lignes qui se croiseroient avec la projection horizontale des joints de lit.

On le divisera à l'ordinaire en ses voussoirs aux points 1, 2, 3, 4, d'où on tirera les joints de tête 1.5, 2.6, & l'on en fera la la projection comme dans l'exemple précédent; mais comme la face ED n'est pas parallele à AB, son ceintre sera elliptique, parce que c'est un demi-cylindre scalene, coupé obliquement à sa base, & comme le diametre ED est plus court que EF ou AB son égal, & la hauteur de la clef mS égale à Ch, il suit que le ceintre secondaire esd sera surhaussé elliptique, comme nous l'avons dit ci-devant. Il est clair que si on avoit pris ED pour diametre du ceintre primitif circulaire, le contraire arriveroit, le ceintre secondaire EHF deviendroit surbaissé.

De quelque façon qu'il en soit, la projection horizontale des joints de lits du ceintre primitif étant faite, on opérera de la même maniere que dans l'exemple précédent, en tirant des diagonales aux projections des doëles, comme pl à la seconde de la gauche, ou np^4 à la seconde de la droite nop^4p^3. La seule différence qu'il y aura, c'est que les doëles plates étoient des parallélogrammes obliquangles, & qu'ici ce sont des trapezes qui n'ont que deux côtés paralleles, comme on le voit à la figure 196. 4. 3. $n. o$.

Il est clair qu'on peut trouver de même les panneaux des lits, par le moyen des diagonales dont on cherche la valeur, comme on a fait pour la doële; mais il y a u... autre moyen plus simple, c'est de tirer, par exemple, du point *p* projection du premier lit à la doële, une perpendiculaire *pr* sur la projection *iu* du même, à l'extrados, puis porter à part la ligne *iu* avec ses divisions, élever au point R une perpendiculaire indéfinie, du point *u* comme centre, & pour rayon le joint de lit 1, 5 décrire un arc qui coupe la perpendiculaire en P, par où tirant une parallele à *iu* égale à la projection *pk* de la doële, le trapeze *iupk* sera la surface demandée.

Fig. 197.

Deuxieme Exemple
du même Problême,

Pour un berceau de double obliquité biais *& talud.*

Fig. 198.

Supposant la projection horizontale faite suivant les regles qu'on a donné ci-devant, soit ABDE un berceau biais dont la face sur ED est inclinée en talud, le profil donné BT qui s'écarte de la verticale VB, de la quantité VT à la hauteur de la clef H à l'extrados, & *ut* à la doële.

On portera ces longueurs VT & *ut*, sur la perpendiculaire BP à la face ED prolongée en P*f* & P*g*, & par les points

f & g, on menera des paralleles à ED qui couperont la ligne du milieu CX aux points M & N, qui donneront les projections du sommet de la clef en talud à l'extrados M & à la doële N. On portera de même les écartemens du talud des autres joints de tête, comme RS provenant du point 8° & rs provenant du point 4°; sur la même pB, & par les points S & s, on tirera des paralleles à DE qui couperont les projections q1 & Q4 aux points 1 & 4, 5 & 8; & par les points trouvés E5, M8D, on tracera la projection de l'ellipse de la face en talud à l'extrados & e1 N4d à la doële, laquelle (en élévation) est la ponctuée EYD & eyd; car quoique son diametre ED soit parallele à celui du ceintre primitif AB, son autre demi-diametre XY conjugué, n'est pas égal au rayon CH de ce ceintre, mais plus grand parce qu'il est l'hypoténuse du triangle rectangle VBT; mais il faut observer que cette élévation nous est inclinée pour la formation des panneaux de lit, & de doële par diagonales dont il est ici question, comme on le verra.

Cette projection étant faite exactement & avant tiré les diagonales (par exemple), pour la seconde doële 1. q. o. 2, sçavoir, o. 1 & q2; il s'agit d'en trouver la valeur.

Ayant tiré par le premier joint de tête 1° une horizontale L l qui coupera la vertical 2° o au point z, on portera la diagonale o 1 de la projection en z G, d'où l'on tirera au point 2° la ligne G 2 qui sera la valeur que l'on cherche, avec laquelle on fera un triangle à part, dont les trois côtés sont donnés, sçavoir, g 2 trouvé, q 1 donné à la projection horizontale, & p 2° corde de l'arc de face; puis faisant par le point 2° une parallele à g 1° égale à la longueur o 2, on aura le trapeze g 2 2°, qu'*il falloit trouver*, qui est la valeur de celui de la projection 1. q. o. 2.

Fig. 199.

Il est visible qu'il est indifférent laquelle des deux diagonales on choisisse, & qu'il n'est pas nécessaire d'en employer deux dans les panneaux des voûtes en berceau, parce que les joints de lit y sont toujours paralleles entr'eux, quoique d'inégale longueur, occasionné, ou par le biais, ou par le talud, ou par la descente.

Il n'en est pas de même pour les doëles plates des voûtes coniques ou sphériques, dont les joints de lit sont convergens; il faut alors faire usage des deux diagonales, si une seule ne partage pas également le trapeze en deux triangles égaux, comme il arrive par les irrégularités qu'occasionnent les biais, les taluds ou les descentes.

A l'égard des panneaux des lits, lorsque les voûtes sont d'égale épaisseur, il est clair qu'une seule diagonale suffit parce qu'un des côtés des joints étant placé, on peut trouver l'autre par une parallele dont la longueur sera donnée sur la projection horizontale ou sur un profil, & s'ils sont terminés par des côtés curvilignes, les cordes de ces arcs seront toujours parallèles de la doële à l'extrados.

Suivant ce que nous venons de dire, on aura les panneaux de doële plate & de lit, & par les élévations les panneaux de tête, ce qui suffit ordinairement, parce que l'on n'a pas besoin de panneau pour les extrados qu'on façonne rarement, & comme ils sont convexes, on ne peut y appliquer de surface plane pour modèle; au lieu de panneau on se sert de cercle.

Troisieme Exemple d'Obliquité.

Berceau biais & en descente.

Dans les cas précédens, la projection horizontale a donné les mesures exactes des joints de lit, qui sont également nécessaires pour la formation des panneaux de doële plate & de ceux des lits, parce qu'on y a supposé des berceaux, dont les impostes sont de niveau, & par conséquent les joints de lit qui leur sont parallèles, en œuvre, à des hauteurs différentes, sont égaux exactement à leur projection horizontale, comme nous l'avons dit & démontré ci-devant, quoique inégaux entr'eux, par des obliquités ou des taluds, c'est-à-dire à leur correspondans à chaque division du ceintre.

Il n'en est pas de même dans les projections de berceau en descente ; comme ils sont inclinés à l'horison, leurs joints de lit, en œuvre, sont toujours plus longs qu'à leur projection, dans le rapport de l'angle d'inclinaison, comme une hypoténuse, à l'égard d'un des côtés d'un triangle rectangle ; ce qui arrive aussi dans la projection verticale d'une face oblique à la direction du berceau, c'est-à-dire biaise ; de sorte que ni l'une ni l'autre de ces projections ne peut fournir les mesures des joints de lit, puisqu'elles y sont toujours raccourcies, & si on veut les avoir, il n'y a que le profil oblique aux faces, mais parallele à l'axe du berceau qui puisse les donner.

Cependant ces projections ont toujours un défaut de longueur proportionnelle, qui peut être connue en la comparant dans une des différences ; mais il n'en est pas de même des diagonales, où ces différences ne font pas conftantes, en ce qu'elles font toutes inégalement inclinées à l'horifon, les unes plus, les autres moins: celles qui font près des impoftes, font plus inclinées vers l'axe, que celles qui font à la clef, de forte que leur valeur eft plus difficile à trouver que dans les berceaux de niveau, d'autant plus qu'il n'eft pas indifférent, comme dans ceux-là, de prendre une diagonale plutôt que l'autre, parce qu'elles partent d'un même niveau, pour l'élever à même hauteur ; mais dans les berceaux en montée ou defcente, la diagonale qui part d'un angle inférieur pour parvenir au fupérieur oppofé, eft bien moins incliné à l'horifon, que celle qui part de l'angle de fuite plus élevé à l'inférieur du côté fupérieur oppofé ; ce qu'une figure éclaircira. Soit CRM l'angle de rampe du berceau en montée, ou MCR en defcente, l'un eft complément de l'autre, le quart de cercle CAH, la moitié du ceintre de face divifé en fes vouffoirs 1. 2 projetté dans le profil MCH en b & en f, par où ayant mené bd, fo & Hs parallèles à RC, on aura le profil du berceau en defcente coupé par le milieu de la clef, & le parallélogramme bdRC fera la projection verticale de la premiere doële au deffus de l'impofte, RC, & $fodb$ celle de la

Fig. 200.

N iv

seconde doële, & si l'on tire des diagonales par les angles de ces parallélogrammes, comme Rb, Cd, on verra que la premiere parcourt une plus grande hauteur bM que la seconde Cd, qui ne parcourt que la hauteur CD : supposant dD de niveau, il faut chercher le rapport des hauteurs où parviennent ces deux diagonales, & toute autre dans le même cas ; pour en rendre le moyen sensible, nous supposerons premiérement, que la doële comprenne en projection verticale tout le parallélogramme fORC, où l'on supposera la hauteur fC de sa retombée égale à celle de la rampe CM : dans ce cas on reconnoîtra que la diagonale fR parcourra toute la hauteur fM, qui comprend les deux de la retombée fC & de la rampe CM. Ainsi nommant la retombée a, & la rampe b, on aura pour hauteur $a+b$, ou, si l'on veut, $2a$, parce que OR est supposé égale à fC ; donc la premiere hauteur étant $a+b$, la seconde de la diagonale conjuguée CO sera égale $a+b-b=a$; donc cette diagonale CO sera de niveau, lorsque sa conjuguée parcourra le double de sa hauteur, c'est-à-dire, celle de la retombée & de la rampe.

Secondement, si l'on suppose la hauteur de la retombée plus petite que celle de la rampe, comme bC à l'égard de CM, alors les deux diagonales du parallélogramme $bdRC$ descendront toutes les deux, la supérieure moins que l'inférieure nous appellerons leur différence d exprimée par DC, (supposant dD de niveau) : on aura donc pour la hauteur totale de la grande diagonale bR, $a+b$, ou, si l'on veut, $2a+d$, & celle de la petite supérieure $a+b-b=a$: donc la seconde diagonale dc ne descend que de la hauteur de la retombée bC.

Troisiémement, si l'on suppose la retombée bC plus grande que la hauteur de la rampe CM, il est évident que la grande diagonale parcourra la hauteur $bM = a+b = 2b+d$, & la petite dC seulement $a+b-b=a$; mais a dans ce cas est plus grand que b par la supposition : donc la premiere & la plus grande diagonale br descendra, & la seconde montera de toute la différence que l'on suppose entre les hauteurs de la retombée & de la rampe. *Ce qu'il falloit trouver.*

Cela supposé connoissant les hauteurs relatives des diagonales par le profil, & le cacul, si l'on veut, & leur longueurs horisontales, par la projection on pourra en trouver facilement la valeur, quoique le berceau soit biais & en descente, & que les joints de lits soient raccourcis dans la projection horizontale à cause de la descente, & dans la verticale, à cause de l'obliquité, à moins qu'on ne fasse le profil par l'axe du cylindre, sans égard à l'obliquité de ses faces.

Pour rendre ces opérations plus simples, il n'y a qu'à considérer & supposer le plan de la rampe comme un plan horisontal, parce que par ce moyen on trouvera dans les projections des joints de lit leurs justes mesures, étant supposées paralleles à ceux de la voûte, qui devient alors aussi horizontale par ses impostes qui sont dans le plan de la rampe : tout le changement qui arrive de cette supposition consiste dans l'inclinaison des faces de montée & de descente, lesquelles étant verticales dans la premiere supposition, deviennent inclinées dans la seconde ; sçavoir l'inférieure de montée en surplomb, & la supérieure d'entrée de descente en talud ; de sorte que la projection de l'une est une demi-ellipse en saillie, & l'autre en retraite ; ce qui retombe dans la construction que nous avons donnée ci-devant du biais & en talud, ou du biais & en surplomb, où nous avons trouvé sans grande difficulté les diagonales des panneaux de doële, & les moyens de les tracer exactement dans leurs mesures de trapezes, dont les angles opposés sont inégaux.

Soit, par exemple, le même profil de rampe RCM de la figure précédente, dont le côté RC de la rampe étoit incliné, transposé ici au contraire de niveau, & la ligne ci-devant horizontale en pente, suivant l'angle donné CRP égal à CRM. Le profil du berceau SRCH par la clef, suivra la même situation ; de sorte que cette clef SH devenant aussi horizontale, les sommets S & H ne seront plus à plomb sur les points R & C, mais tomberont par des perpendiculaires sur RC, prolongées en T & L; de sorte que TL exprimera la longueur de la clef, laquelle se reculant en bas, du côté du point R, donne pour projection de la face inférieure une portion d'ellipse ST, qui est la projection horizontale d'un talud, & à l'autre bout la même ellipse en projection saillante, qui est celle du contour du ceintre circulaire de descente ; ce qui change le demi-berceau en descente en un demi-berceau, dont les faces sont, l'une en talud, & l'autre en surplomb, qui est ici biais, suivant l'angle CRS, mais qui peut l'être plus ou moins sur le plan horizontal, sans que les points T & L changent, à l'égard des points R & C. Ainsi cette transposition fait rentrer cet

Fig. 101.

exemple de double obliquité, biais & descente dans le précédent de biais & talud, auquel on renvoye le lecteur pour y trouver les moyens de faire les panneaux de doële plate de lits & de tête, les deux premieres especes par le moyen général dont il s'agit ici, qui est de réduire toutes ces figures planes en triangles par des diagonales, dont on trouve facilement la valeur par les plans & profils, c'est à-dire par les projections horizontales & verticales, telles qu'elles ont été prescrites par les premiers problêmes de ce 3e Livre; ce qu'on va plus amplement expliquer par le quatrieme exemple qui suit.

Quatrieme exemple
Du même principe

Pour un demi-cône scalene tronqué, qui est le modele d'une voûte ébrasée en descente.

La différence du cas proposé ici, comparé au précédent, consiste en deux choses qui ne permettent pas d'y employer les mêmes moyens de parvenir à la même construction.

L'une en ce que les joints de lits n'étant pas paralleles entr'eux, comme dans les berceaux, mais convergens, ils sont tous inégalement inclinés à l'horizon, & au plan de section verticale par l'axe, qui doit représenter le plan de rampe en profil, confondu avec la ligne de l'axe du cône, dans lequel plan sont les impostes de la voûte ; d'où il suit qu'aucun de ces joints de lit n'étant paralleles ni au plan vertical, ni à l'horizontal, on ne peut en trouver les mesures par aucune projection, mais seulement par autant de profils particuliers qu'il y a de joints, c'est-à-dire par des suppositions de plans verticaux, horizontaux ou inclinés, passans par ces joints & par l'axe, hors duquel toutes les sections coniques sont des courbes.

La seconde différence consiste en ce que dans une voûte conique il n'y a point d'*arc droit*, comme nous l'avons dit ci-devant ; d'où il résulte qu'on ne peut trouver les angles des surfaces des panneaux par la même voie que dans les cylindriques, & qu'on est forcé à les chercher par le moyen des diagonales qui réduisent toutes les figures rectilignes en triangles, partageant en deux les surfaces planes des doëles plates & des panneaux de lits, comme nous venons de le faire pour les voûtes cylindriques.

Soit le trapeze A B D E le plan horizontal d'une voûte conique tronquée *droite*, c'est-à-dire dont l'axe S N est perpendicu-

Fig. 202.

laire sur la direction de sa face AB, qui est le diametre de la base, mais qui ne l'est pas au plan de cette base, parce qu'on le suppose incliné en descente suivant un angle mCR; ce qui constitue un cône scalene si la face AB est circulaire.

Ayant fait à l'ordinaire l'élévation de cette face, ou sa moitié $a\imath$H qui suffit, parce que l'autre moitié lui est égale en tout, dans la supposition d'une voûte sans biais horizontal; & l'ayant divisée en ses voussoirs, dont on aura fait la projection horizontale, on fera aussi sur le même plan vertical de l'élévation celle de la face postérieure $e\,5\,h$ d'un centre m, abaissé au dessous de celui de la face C de la hauteur verticale Cm de la descente de la voûte d'une face à l'autre, & par les points donnés des naissances a & e, on tirera une ligne aX qui rencontrera la ligne du milieu en X, où sera le sommet du cône prolongé en projection verticale, auquel sommet on tirera les lignes droites 1X, 2X, 3X, qui représenteront les côtés du cône passans par les points de divisions en voussoirs du ceintre de face antérieure, lesquelles couperont le contour $e\,5\,h$ de la postérieure, proportionnellement aux points 4, 5, 6, où seront les divisions de ce ceintre en voussoirs, & donneront la projection verticale des joints de lits *a e* de l'impofte, 1.4, 2.5, 3.6 ; puis on tirera des diagonales à chaque doële 1 *e*, *a* 4 pour la premiere, 1.5, 2.4 pour la feconde, 2.6, 3.5 pour la troifieme, fi l'on veut, mais une feule peut fuffire, & la projection verticale néceffaire pour former les panneaux de doële fera faite.

On fuppofe auffi l'horizontale faite relativement avec fes diagonales $p^1 E$, $p^2.p^4$, $p^3.p^5$.

Enfin pour avoir les lignes néceffaires pour parvenir de même à la formation des furfaces des panneaux de lit, on tirera les joints de tête du centre C, fçavoir, 1.7, 2.8, 3.9, & les correfpondans du petit ceintre *e* 5 *h* du point *m* pour centre, comme 4 V, & l'on fera les projections des mêmes lits, dont le premier eft 7.1, 4 V, comme on l'a fait aux problêmes précédens.

Tout étant ainfi préparé, il faut obferver que de toutes les lignes que nous venons de tracer, il n'y en a aucune dans fa jufte mefure que celles des joints de têtes, parce qu'il n'y a que celles-là qui foient paralleles au plan de projection verticale, mais qui ne le font pas à celui de l'horizontale : ainfi il faut chercher la valeur des joints de lits & des diagonales de doële plate, & des furfaces des lits, comme nous allons faire, par le moyen des projections horizontales, & des hauteurs données aux verticales.

Premiérement, pour trouver la valeur de la ligne du milieu, représentant l'axe du cône en nN dans la projection horizontale, & en cm dans la verticale, par le moyen des deux côtés & de l'angle droit, on trouvera l'hypoténuse, qui sera la valeur de mu, en portant Cm en NM; la ligne Mn sera celle que l'on cherche, ou bien, si on veut l'avoir sur l'élévation, on portera nN en mR, & l'on tirera RC, qui sera la même que nM; mais cette ligne ne sert encore qu'à marquer le milieu de la descente, & ne donne pas la longueur des joints de lits à l'imposte, parce que nN est plus courte que DB ou AE, qui sont les impostes; c'est pourquoi on élevera au point A ou au point B une perpendiculaire Bb, qu'on fera égale à Cm, & la ligne bD sera la vraie longueur de l'imposte marquée au profil en Cd.

Fig. 201.

Secondement, pour trouver la valeur du premier joint de lit marqué à la projection horizontale en $p^1 p^4$, & dans la verticale, en 1.4, on menera par ces points 1 & 4 des horizontales jusqu'à la ligne du milieu mS comme 1. o^1, 4. o^4 prolongeant cette derniere indéfiniment au-delà, sur laquelle on portera la longueur de la projection du premier joint de lit p^1, p^4 en o^1, 4e: la ligne inclinée tirée du point 4e à o^1 sera la longueur que l'on cherche. On trouvera de même la longueur du second lit 5e, o^2 pour la valeur de la ligne $p^2 p^5$ de la projection horizontale, & 2. 5 de la verticale, ainsi des autres; les joints de lit étant trouvés, il ne manque plus que celle des diagonales tracées aux mêmes projections; par exemple, pour la seconde p^1 p^5 du plan, & 1. 5 de l'élévation.

On tracera à part une horizontale $q 5$, sur laquelle on portera la longueur de la projection de la diagonale 1. 5 de l'élévation prise sur le plan horizontal en $p^1 p^5$, de q en 5, puis élevant au point q une perpendiculaire $q 1$ égale à la différence des hauteurs des points 5 & 1, marquée à la fig. 202, par la perpendiculaire 1 y sur l'horizontale passant par le point 5, on tirera la ligne 1. 5 à la figure 203, qui sera la valeur de celle cottée de même 1. 5 dans l'élévation.

On trouvera de même la valeur de la diagonale 5. 3 prise d'un autre sens, en portant sur la même $q 5$ du profil à part, la projection horisontale $p^5 p^3$ à compter depuis le point 5, en 5 Q, où l'on élevera une perpendiculaire Q z égale à la hauteur 7³, différence de celles du point 5 & du point 3 au dessus de l'horizon, la ligne 5 7 sera celle que l'on cherche pour la valeur de la diagonale 5. 3 marquée à l'élévation.

Les côtés des joints de lit 4ᵉ 0¹, la diagonale 5¹ & la corde de la tête du voussoir entre les divisions 1. 2 étant donnés, on a les trois côtés d'un triangle, 5. 2. 1 de la figure 204, & avec la longueur 5ᵉ, 0² & la corde 4. 5 du petit ceintre postérieur, on aura l'autre triangle 1. 4. 5, lequel, étant joint au précédent, forme le trapeze 1. 2. 5. 4 développé pour la doële plate du second voussoir que l'on cherchoit.

Il faut faire la même opération pour avoir la valeur du trapeze du joint de lit marqué à l'élévation 7. 1. 4V, & projetté au plan horizontal, comme nous l'avons dit aux opérations précédentes, avec cette seule différence, qu'il faut le diviser par une diagonale dont il faut aussi chercher la valeur, pour en former deux triangles de même que nous avons fait pour la doële plate.

Par ce moyen, on trouvera dans toutes sortes de cas d'appareil, le moyen de former toutes les surfaces planes qui enveloppent un voussoir de voûtes coniques quelconques, quand même on y supposeroit encore deux obliquités de plus que la descente, comme le biais & le talud, parce que nous avons donné les moyens de réduire toutes ces obliquités en une seule ; il ne nous reste plus, pour montrer la généralité du problême dont il s'agit, que d'en faire encore l'application aux voûtes sphériques ou sphéroïdes.

CINQUIEME EXEMPLE

Pour les voûtes sphériques réduites en polyèdre par des doëles plates.

Nous avons dit, en parlant des développemens, que la sphere pouvoit être réduite en zones de cônes tronqués ; que ces zones pouvoient aussi être réduites en pyramides tronquées inscrites dans ces zones coniques, dont le développement est une suite de trapezes, comme on l'a exprimé à la figure 180 : or ces trapezes appuyés sur les quatre angles d'une surface concave sphérique ou sphéroïde, divisée par des méridiens & des paralleles à l'équateur, avec lesquelles elles se croisent, formeront des quadrilateres curvilignes, aux angles desquels peuvent s'appliquer ceux qui sont rectilignes des trapezes, lesquels sont pour ces sortes de voûtes des doëles plates, dont on se sert utilement pour préparatif à l'excavation des surfaces concaves sphériques ou sphéroïdes, comme pour les coniques, avec cette différence que dans celles-ci, deux côtés opposés de ces trapezes qui sont convergens, s'appliquent aux joints de lit, & qu'aux sphériques ils sont les cordes d'un méridien ; comme les paralleles sont les cordes des cercles, paralleles à l'équateur, la sphere étant courbe en tout sens.

D'où il suit 1°. que plus les rangs de voussoirs approchent du pole, plus les angles de ces trapezes sont aigus à la base, sans que cependant les angles curvilignes de la surface concave de la sphere auxquels ils s'appliquent, deviennent pour cela inégaux de ce qu'ils sont auprès de l'équateur, parce que les méridiens font toujours un même angle d'interfection avec les paralleles.

2°. Que les sommets de ces pyramides inscrites dans les zones de cônes, étant supposés prolongés jusqu'à l'axe, où doit être le sommet de toutes les tranches de cônes inscrits dans la sphere, s'approcheront d'autant plus du pole qu'elles s'éloigneront de l'équateur, & au contraire, s'en éloigneront à mesure qu'elles approcheront de l'équateur ; de sorte que celle de l'équateur aura son sommet infiniment loin : alors les trapezes approcheront aussi de plus en plus du quarré.

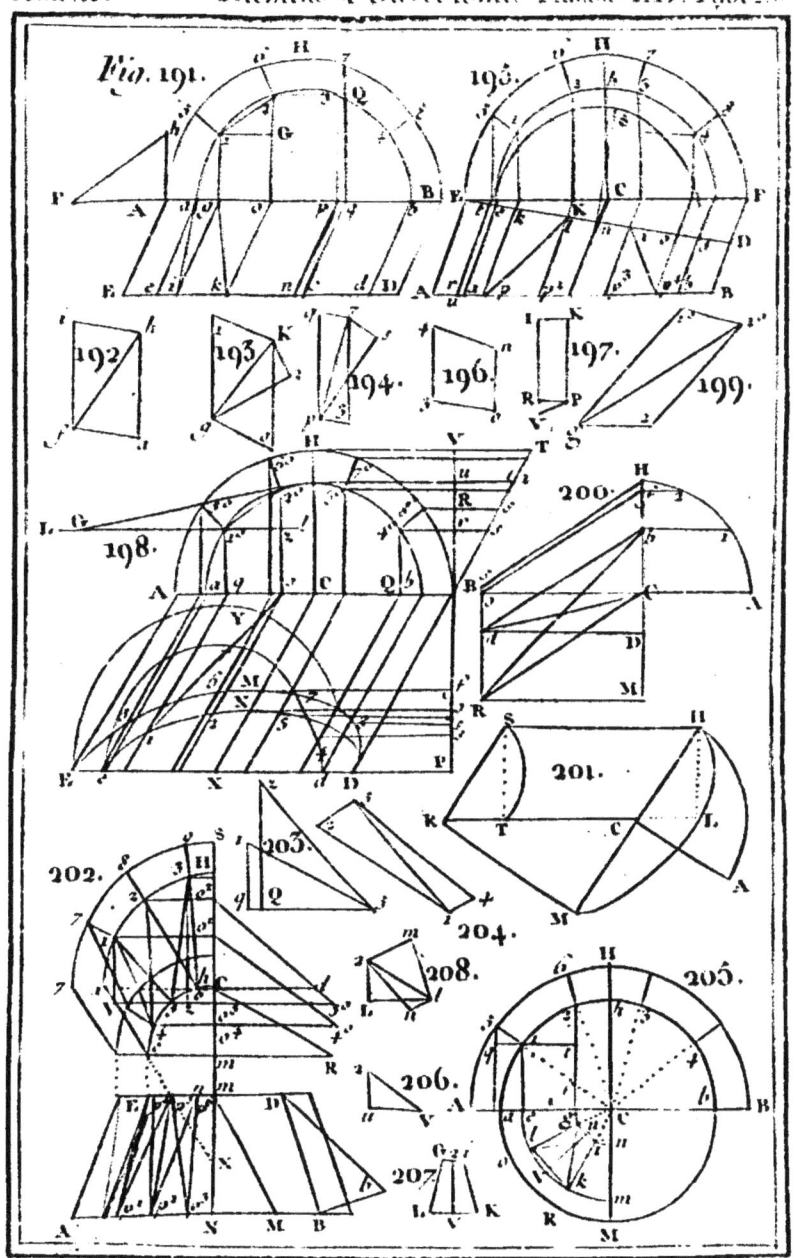

Cela supposé, & la situation horizontale des rangs de voussoirs divisés à leurs joints par des plans verticaux, passant par l'axe comme les méridiens ou plutôt comme les cercles & zimutaux de la sphere armillaire.

Soit *ahb*, le profil ou la section verticale de la doële d'une voûte sphérique, dont *ao* MC est le quart du plan horizontal, pris à son imposte. On divisera à l'ordinaire le contour du profil *ahb* en ses rangs de voussoirs, comme aux points 1. 2, 3. 4, & ayant abaissé de ces points des perpendiculaires sur le diametre *ab* qui le couperont en *e* & *f*, on tracera les projection des joints de lit par des arcs de cercles *fn*, *em* paralleles à l'imposte *aom*; sur l'un desquels ayant déterminé, à volonté, une longueur de voussoir *lk* ou *gi*; on fera la projection des joints de tête ou de doële *lg*, *ik* dirigés au centre C: on aura la projection d'un des voussoirs du second rang marqué au profil par les lignes ponctuées 1. 2, 2. 3, 3. 4, 4^b, dans laquelle projection on tracera les diagonales *li*, *gk*, & tirant les cordes *gi* & *lk*, on aura le trapeze de la doële plate raccourcie par la projection, dont on fera le développement comme nous allons le dire ci-après.

Au lieu de chercher la valeur des diago-

Fig. 105.

nales, comme nous avons fait dans les exemples précédens ; on divisera la corde *lk* en deux également en V, par où l'on tirera au centre C la ligne V*u* qui coupera la corde *gi* au point *u*, puis on cherchera la valeur de cette ligne V*u* par un triangle rectangle fait à part, de la longueur V*u* prise sur la projection horizontale pour un côté, & de la hauteur 2*t* prise au profil, qui est la hauteur verticale du point 2 du lit de dessus, & du point 1 de celui de dessous ; l'hypoténuse V 2 sera la valeur que l'on cherche pour la ligne du milieu de la doële plate, au deux extrêmités de laquelle lui ayant fait deux perpendiculaires, on portera sur l'inférieure, de part & d'autre, du point V, la longueur de la moitié *l*V, ou *k*V au lit de dessous, & *ug*, ou *ui* à celui de dessus, le trapeze LGIK sera le développement ou la valeur de celui du plan horizontal *lgik*. *Ce qui étoit proposé*, non seulement pour ce voussoir, mais pour tous les autres rangs au dessus ou au dessous dans la sphere réguliere.

Cette maniere est plus commode & la plus expéditive que celle de chercher la valeur des diagonales, lorsque la voûte est exactement sphérique, parce qu'il n'y a point de triangles à former pour

Fig. 206.

Fig. 207.

avoir les angles du trapeze de doële plate ; mais si on veut procéder par cette manière, qui est la plus générale, suivant l'énoncé de notre problême, il sera aisé d'en trouver la valeur en prenant pour un des côtés du triangle rectangle L 2 *i*, dont elle doit être l'hypoténuse, la longueur de *Fig. 209.* la projection de la diagonale *l i*, & pour l'autre, la différence de la hauteur du lit inférieur avec le supérieur ; alors on aura les trois côtés d'un triangle, (dont la projection est,) *l k g* ou son égal *k l i* ; sçavoir la valeur de la diagonale *k g* prise en 2. 1, la longueur de la corde *l k* prise sur le plan horizontal, & la valeur du côté *l g* ou *k* 1 son égal sur la corde 1. 2 du profil ; les trois côtés étant donnés, on décrira un triangle 2, 1, *m*, qui donnera l'angle 2, *m*, 1, & les points 2 & *i*, pour la formation de la valeur du trapeze 2, *m*, *i*, *n* *Fig. 208.* dont la projection est L *g i* K.

Les panneaux de doële plate étant trouvés, on aura ceux des joints de lit montans, qui sont des surfaces planes, dont les modeles sont les portions de couronne du profil, comme ici dans l'exemple du *Fig. 205.* second rang de voussoirs, la portion 5. 1. 2. 6.

Il resteroit à trouver les panneaux de lit, mais comme çe ne sont pas des surfaces planes, celle du lit supérieur étant concave conique, & celle de l'inférieur convexe, partie d'un plus grand cône, on ne peut parvenir à les former par le moyen des panneaux, excepté à l'imposte où ces lits étant dans un cercle majeur, à l'extrados & à la doële, on en peut former le panneau sur plan horizontal.

On peut encore se servir de la projection horizontale des joints de tête inclinés, en sup osant une base de cylindre comme de l'épaisseur de la projection 1 q du joint 1.. 5, parce qu'on traceroit un cercle à l'extra- s parallele à celui de la base horizontale passant par le point q, & abattant de ce cylindre, la partie hachée à la fig. 205, dont le profil est le triangle rectangle 5 q 1, suivant les moyens donnés ci-devant au troisieme livre, par la supposition d'une circonscription de corps régulier, pour parvenir à la formation d'un corps irrégulier.

CHAPITRE II.

De la Goniographie ou description des angles, (en terme de l'Art) *des moyens de trouver les biveaux nécessaires pour assembler les panneaux.*

C'est beaucoup d'avoir formé les modeles des surfaces qui enveloppent un voussoir, mais pour les assembler, il faut connoître l'ouverture des angles qu'elles font entr'elles, c'est-à-dire leur mutuelle inclinaison en angle aigu ou obtus ou *droit*, non pour en former une espece de coffre qui enferme l'espace du solide qu'on se propose de faire, mais pour retrancher de la masse d'une pierre brute, ou tout autre solide plus gros que le voussoir à former, l'excédent de chacune des surfaces dont il doit être enveloppé au-delà de celles qui ont été déterminées par les modeles que nous appellons *panneaux*, & les incliner entr'elles comme il convient à leur figure & à leur position respective à l'égard des autres qu'elle doit soutenir, ou par qui elle doit être soutenue.

Or ces angles solides sont de différentes especes & mesurés par des angles linéaires qu'il faut leur adapter, les uns font rectilignes, qui font les plus ordinairement ceux des lits & des joints, les autres mixtes droits d'un côté, & courbe dans l'autre, qui font ceux des lits & des doëles ou des têtes & des doëles, d'autres font courbes des deux côtés, tels font ceux des enfourchemens de la rencontre de deux doëles. Pour former le modele de l'ouverture des angles de la premiere efpece qui font rectilignes, on a un inftrument appellé *fauffe équerre*, qui fert auffi de compas d'appareilleur dont les branches font droites, tournant fur une tête où le frottement eft affez rude pour qu'elles demeurent ouvertes au point dont on a befoin pour les appliquer fur la pierre fans varier ; comme cet inftrument eft applicable à toutes fortes d'ouvertures d'angles rectilignes & d'un fréquent ufage, on le fait de fer ; mais pour les angles mixtes qui ne font que pour des cas particuliers, on les fait de bois d'une ouverture fixe & d'une ou de deux branches courbes, convexes en dedans pour s'appliquer à une furface concave, & en quelques cas, concaves en dedans, pour s'appliquer à des furfaces convexes, comme à un côté des doëles des voûtes fur le noyau ; c'eft cet inftrument qu'on appelle *biveau* dont l'application fur l'arrête de l'angle folide ne peut fe faire indifféremment en toutes fituation de fes branches, comme nous le dirons ci-après.

Surquoi il eſt bon d'être averti des fignifications de nos expreſſions, qui font différentes pour les angles folides & les angles linéaires ; nous appellons ces derniers *angles plans*, c'eſt-à-dire qui terminent une furface plane, & *angle des plans* la rencontre de deux plans qui aboutiſſent l'un à l'autre ; l'extrêmité des angles plans s'appelle le *fommet*, & celle du concours de deux plans ou de deux furfaces planes ou courbes s'appelle, en terme de l'Art, une *arête*.

PROBLEME.

Trois plans qui doivent former un angle folide étant donnés, trouver les angles rectilignes que forment entr'eux leurs inclinaiſons mutuelles (ou en termes de l'Art pour l'appareil) trouver les biveaux des aſſemblages de trois panneaux donnés.

On fçait, par les Elémens de Géométrie, que les angles que font entr'eux deux plans qui fe coupent ou fe rencontrent, fe mefurent par des perpendiculaires à leur commune interſection, & que l'on ne peut

220　ÉLÉMENS

faire un angle folide, à moins du concours de trois plans, parce que deux plans feuls ne peuvent enfermer un efpace en circuit, il en faut même quatre, fi on veut l'enfermer en tout fens.

Soient les trois plans donnés, les quadrilateres AB, AC, AD, lefquels étant affemblés, doivent former un angle folide en A, tel feroit celui du fommet d'une pyramide triangulaire, ou, fi l'on veut, celui d'une des carnes d'un dez à jouer. Il faut faire deux opérations, l'une pour déterminer l'angle de rencontre du plan AD avec le plan AC, l'autre du même plan AC avec le plan AB.

Fig. 209.

On décrira fur une furface plane les trois angles plans donnés EAL, FAK, LAK autour du même fommet A, lefquels trois angles plans raffemblés doivent faire une fomme de degrés moindre que celle de quatre droits (par la 21ᵉ prop. du 11ᵉ Livre d'Euclide), pour pouvoir en former un angle folide. Enfuite des points E & F, pris à diftances égales du point A fur les côtés AF, AE, on tirera fur les côtés AL & AK commun au 3e plan AD des perpendiculaires EG, FH prolongées jufqu'à leur rencontre au point I, duquel pour centre & de l'intervalle HF pour rayon on tracera un arc de cercle vers x, qui coupera en ce point x le côté AK prolongé s'il le faut. Si par les points I & x on mene la ligne I & x, l'angle HIx ou FIX sera égal à celui d'inclinaison mutuelle des deux plans AC, AD. De même si du point I pour centre, & de l'intervalle GE pour rayon, on fait un arc en y, où il coupe AL, l'angle GIy sera celui de l'inclinaison mutuelle des deux plans AB & AD. C. Q. F. F.

Pour le démontrer, il faut imaginer que les plans AB & AC se meuvent comme le couvercle d'un coffre autour des côtés AL & AK qu'ils ont de communs avec le troisieme plan AD, qu'on suppose immobile. Dans cette supposition de mouvement des deux premiers, on conçoit que le plan AB prendra la situation Ab, & le plan AC celle de Ac; ensorte que le côté AE se joindra au côté AF en un seul, dont AI sera la projection, & les points E & F se réuniront en l'air en un seul, dont le point I sera la projection ; qu'il soit permis de le représenter par un point S, supposé en l'air, la ligne AS sera l'arête des deux plans réunis, & les lignes GS & HS représenteront en perspective les lignes EG & FH, & dont le triangle GSI, rectangle en I, aura deux de ses côtés égaux à GI & GE, qui sont perpendiculaires à la com-

Fig. 2.

mune interſection AL : par conſéquent l'angle SGI égal à celui qu'on a fait en GIy ſera celui des deux plans AB & AD. Il ne s'agit donc que de décrire un triangle rectangle ſur un plan égal à celui que nous conſidérons en l'air au deſſus du plan AD ; ce que nous avons exécuté, en faiſant le triangle rectangle IGy, qui a un angle droit en G, & les deux jambes Gy & GI égales, par la conſtruction, ſçavoir Iy égal à GE = GS, & GI, comme égal à lui-même : donc l'angle GIy eſt égal à l'angle exprimé en perſpective SGI, qui eſt celui de l'inclinaiſon mutuelle des plans, comme HIx eſt égal à SHI. C. Q. F. D.

Fig. 100.

Si l'angle EAL du plan AB étoit obtus, comme à la 2e fig. *eal*, il faudroit prolonger le côté *la*, & tirer à ce côté la perpendiculaire *eg*, laquelle étant prolongée, couperoit *fh* au point I, qui ſeroit hors du panneau *lak*, mais cependant dans la prolongation de ſon plan, & continuant l'opération comme à la premiere figure, en portant *ge* en *ix*, on aura pour l'angle de rencontre des plans *ad* & *ac*, l'angle obtus *fix*, ſupplément de l'aigu *xih*. La raiſon eſt facile à concevoir, en faiſant attention au mouvement du plan *ab* autour du côté *la*, prolongé juſqu'à la rencontre de la perpendiculaire *eg* à cette prolongation : car alors le point *e* tournant en l'air, étant parvenu à l'angle droit sur le plan *da* prolongé, aura pour projection sur ce plan la ligne *gl*, & si on continue à le faire tourner jusqu'à ce qu'il soit arrêté par le plan *ac*, tournant de même sur *ak*, il parviendra jusqu'à la rencontre du point *f*, lorsqu'il sera parvenu en l'air au dessus du point *i* ; car alors ce point *i* sera la projection de la réunion des extrêmités *e* & *f* des deux côtés *ae* & *af*. Or supposant le point *i* projetté en l'air où il doit être au dessus du plan *ad* au sommet, que j'appelle S, la projection du plan *ac* dans cette situation, arrêtée par la rencontre du plan *ab*, sera le trapeze *iako*, & celle du plan *ab*, arrêté par la rencontre du plan *ac*, sera le trapeze *ialp* qui tombe au dedans du plan *ad*, par conséquent qui fait avec lui un angle aigu égal à *giy*, au lieu que le plan *ac* tombant au dehors du plan *ad*, fait un angle obtus égal à *fix*.

Fig. 210.

D'où il suit que plus l'ouverture de l'angle *eaf* restant du développement des trois angles des plans *ab*, *ad*, *ac* est grande, plus l'angle solide sera aigu, & au contraire plus elle sera petite, plus l'angle solide fait par l'enveloppement sera obtus ; ensorte que si les trois angles, autour du point *a*, faisoient une somme presque égale à quatre droits, le sommet de la pyramide seroit extrêmement obtus; & s'ils formoient quatre droits, il s'abaisseroit sur la base de la pyramide avec laquelle il se confondroit.

Il est clair que si l'on veut chercher le troisieme angle des plans formans le solide, il n'y a qu'à changer un peu l'arrangement de ces plans donnés, en joignant les deux côtés *ae*, *af* en un seul, & séparant un des autres, qui étoient communs à deux, pour opérer sur le nouveau côté *ea*, *fa* réunis, comme l'on a fait sur le côté *al* ou *ak*; ce qui se présente naturellement à l'idée de l'opération proposée.

Quoique cette premiere méthode soit simple, facile & générale, il en est d'autres pour trouver les angles que font entr'eux les plans, dont le concours forme un angle solide ; c'est de réduire tous les corps compris par des surfaces planes en pyramides triangulaires, qui sont leur derniere réduction, comme nous l'allons exposer.

Autre maniere de résoudre le même problême en réduisant les corps en pyramides triangulaires.

Cette méthode qui est d'un grand usage dans la Stéréotomie pour mesurer la solidité des corps, de quelques figures qu'ils soient,

soient, même les ronds, par approximation, en les considérant comme des polyèdres d'un nombre infini de surfaces, n'est pas moins utile pour la Goniographie, c'est-à-dire la mesure des angles que ces surfaces font entr'elles.

Premiere application de ce syſtême aux voûtes ſphériques & ſphéroïdes.

On ſçait que les vouſſoirs de ces eſpeces de voûtes ſont un hexaèdre mixte, compris par ſix ſurfaces différentes, dont il y en a deux planes, qui ſont les têtes, dont la figure eſt une portion de couronne de cercle ou d'ellipſe. Il y en a auſſi une troiſieme ſemblable, qui eſt le lit de deſſous, conſidéré ſeulement à l'impoſte ; ſi la voûte eſt en plein ceintre, les trois autres ſurfaces ſont naturellement courbes de différentes courbures; celle du dedans, qui eſt la *doële*, eſt concave, portion de ſphere ou de ſphéroïde; celle du dehors, qui eſt l'extrados, oppoſé à la doële, eſt convexe; celle du lit de deſſus eſt concave en portion de zone conique, & au lit de deſſous au deſſus de l'impoſte, convexe de même figure ; ce qu'on a tâché de repréſenter par la fig. X. en perſpective, conſidérée comme ſi elle étoit tranſparente, enſorte que le devant ne cache pas le derriere.

Chacun de ces vouſſoirs étant une eſpece de coin cubique, rétreci par un côté, ſi l'on prolonge ſes quatre arêtes rectilignes, *ga*, *fe*, *hd*, *ib*, juſqu'à ce qu'elles concourent en un point C, qui eſt le centre de la ſphere, lorſque la voûte eſt réguliere, on reconnoîtra qu'ils peuvent être conſidérés comme parties d'une pyramide tronquée par un plan perpendiculaire à ſon axe, & qui eſt la doële plate.

Mais cet objet étant encore trop compoſé, & enveloppé de ſurfaces différentes, ce n'eſt pas dans ce ſens que nous devons prendre la pyramide pour l'imaginer triangulaire; c'eſt par une prolongation du trapeze de la doële donnée, qui devient un des trois triangles qui l'enveloppent, dont le ſommet S tombera, non au centre de la ſphere, comme à la précédente, mais à un des points de ſon axe plus près ou plus loin de ce centre, ſelon que la doële plate ſera plus ou moins inclinée à l'horizon.

Fig. 211. Soit, pour exemple de cette doële, le trapeze A B D E, dont les côtés A E, B D concourent en S. On placera le panneau de tête G A E F auſſi donné ſur le côté A E, qui ſera la corde de l'arc du joint montant A E, & ſur le côté A B le panneau de lit *g* A B N qu'on diviſera par une diagonale *g* B, dont on portera la longueur de B en K par une intersection de deux arcs, l'un du centre B, & B g pour rayon, l'autre du centre S, & de SG pour rayon : enfin on tirera du point K au sommet S la ligne SK, qui achevera le développement d'une pyramide triangulaire, par le moyen de laquelle on trouvera l'angle que font entr'eux les deux plans triangulaires GSA & ASB qui comprennent le premier une partie du panneau de tête FEAG, & l'autre la doële plate AEDB, comme il suit.

On tirera sur le côté commun AS une perpendiculaire L p, qui coupera le côté SG en L, & le côté SA en o; on portera la longueur SL sur S k en S l, & l'on tirera p l; ensuite du point p pour centre, & p l pour rayon, on fera un arc vers E comme u x, & du point o pour centre, & o L pour rayon, on en décrira un autre qui coupera le précédent au point x, d'où tirant les lignes x P & x o, on aura le triangle p o x, dont l'angle obtus o est celui du biveau que l'on cherche.

La démonstration de cette opération sera facile à concevoir, si l'on fait attention que les surfaces de doële plate ABDE donnée, & FEAG, panneau de tête donnée, sont des parties des plans triangulaires SAG, SAB qui sont développés sur une surface plane, & qui ont un côté commun

AS, sur lequel on a tiré une perpendiculaire qui coupe GS en L, AS en o, & BS en p. Et comme dans l'enveloppement de la pyramide, le côté Sk doit se réunir au premier SG, il suit que les points l & k doivent tomber de l'autre côté en L & G, par conséquent que Sl doit être fait égal à SL, & SK à SG : & que si la pyramide est coupée par un plan perpendiculaire au côté SA, sa section sera un triangle, représenté par pox, dont les trois côtés sont donnés dans le développement, sçavoir, $pl = px$, $oL = ox$, par la construction. Donc l'angle obtus xop relatif à l'angle gAB de la base, est celui que forment par leur inclinaison mutuelle les plans GSA, ou sa partie GhEA donnée, & SAB ou sa partie AEDB, qui est la doële donnée, suivant le principe que nous avons donné pour mesurer les angles des plans, p. 220. C. Q. F. F. & D.

Deuxieme application du même principe aux voussoirs des voûtes coniques.

Cette application servira de plus ample explication à la précédente pour trouver les autres angles des différens plans qui comprennent les voussoirs sphériques ou coniques, car il n'y a presque pas de différences entr'eux, lorsqu'on travaille sur les systêmes de la sphere réduite en polyëdre & du cône en pyramide, pour avoir toujours des doëles plates qui servent à bien ébaucher un voussoir, & à placer parfaitement les lits & les joints dans leurs inclinaisons mutuelles, pour former un coin qui s'appuie sur ses collatéraux : car quoique les coniques finissent en pointe au fond de la trompe, on est obligé d'en émousser la pointe, qu'on ne pourroit exécuter en pierre sans la casser, parce qu'elle devient trop aiguë pour soutenir le coup de marteau de l'ouvrier ; de sorte que les doëles plates des trompes ne sont que des trapezes, comme celle des voûtes sphériques ; & l'on supplée au fond conique, par une pierre seule, creusée en pointe, qu'on ap-appelle le *trompillon*, sur lequel les autres voussoirs pyramidaux viennent s'appuyer comme des rayons partans du sommet.

Cependant on supposera les doëles plates comme ci-devant en triangles complets, dont le trapeze de cette doële est une partie du plan.

Soit pour exemple un voussoir de trompe *Fig.* 212. *ae*, dessiné en perspective, fait à peu près comme un coin à fendre du bois, compris sous cinq surfaces, dont il y en a deux en parallélogrammes *sebd*, *seac*, qui sont les joints en lit, *cds* qui est sa doële plate, *a be* son extrados, & *abdc* sa tête. On est obligé d'en retrancher la pointe *fgsehi*, par la raison de la fragilité de pierre, à laquelle pointe supplée le trompillon d'une piece *ifgr*S à la doële qui reçoit les voussoirs sur son lit T*ih*R*rgft*, qui est aussi conique.

§. Il s'agit de trouver tous les angles que les différentes especes de surfaces du voussoir font entr'elles par leur rencontre, sçavoir, 1°. la doële *scd* avec le lit *sdbe*, & son opposé de l'autre côté *seac* ; 2°. celui de tête & de doële ; 3°. celui de tête & de lit.

Supposons premiérement qu'on cherche le biveau de tête & de doële plate : on commencera par tirer sur le panneau de tête ABDC, une diagonale AD, pour former un triangle rectiligne ACD, & sur le côté CD, on fera le triangle CDS, pour la doële plate ; sur son côté CS on fera en développement le panneau de lit *a*CSE, qu'on divisera par la diagonale *as*.

On tirera ensuite sur le côté CD commun à la tête & à la doële une perpendiculaire NP, par un point *o*, pris à volonté, laquelle coupera AD en N, & DS en P.

Du point D pour centre, & DS pour rayon, on décrira un arc SQ ; du même

Fig. 213.

centre D, & par le point trouvé P, on décrira un autre arc auſſi indéfini vers *q*; enſuite du point A pour centre, & de la diagonale *a*S pour rayon, on décrira un arc de cercle qui coupera le précédent S Q au point Q, d'où l'on tirera en D la ligne QD qui coupera l'arc P*q* au point *q*. Si de la longueur P*o* pour rayon, & de ce point *q* pour centre, on décrit un arc vers *y*, & que du point *o* pour centre, & de l'intervalle N*o* pour rayon, on en décrive un autre vers le même point, il coupera le précédent au point *y*; l'angle obtus *y o q*, que feront entr'elles les lignes *o y*, *o q*, ſera celui du biveau que l'on cherche, pour aſſembler les panneaux de tête & de doële plate.

Secondement pour avoir les *biveaux de doële plate & de lit*, on tirera ſur le côté commun CS une perpendiculaire FH par un point pris à volonté en G, puis du point S pour centre, & de l'intervalle S*a* pour rayon, on décrira un arc *a* I, & du point D pour centre, & de l'intervalle DA pour rayon, on décrira un autre arc qui coupera le précédent en I, d'où l'on tirera au point S la ligne IS : enſuite du point S pour centre, & de l'intervalle SF pour rayon, on décrira un arc F*f* qui coupera la ligne IS au point *f*, duquel pour centre & de l'intervalle FG pour rayon, on décrira un arc vers *g*. Enfin du point H pour centre & de la longueur HG pour rayon, on décrira un autre arc qui coupera le précédent au point *g*; l'angle *fg* H, compris par les lignes *gf* & *g* H, sera celui des surfaces planes de doële plate & de lit que l'on demande, pour en former un biveau propre à déterminer l'inclinaison que doivent avoir entr'elles ces deux surfaces, l'une à droite, l'autre à gauche de la doële, si la figure est reguliere.

Troisiémement, s'il s'agissoit de trouver le biveau de l'angle que font entr'elles les surfaces de *tête* & de *lit*, supposé qu'on en eût besoin, on opéreroit encore sur le même principe. Je dis, si l'on en avoit besoin, parce que les deux opérations précédentes déterminent l'angle du lit & de la doële, & celui de la doële & de la tête déterminent aussi, par la construction, la position des arêtes CA & CS, BD & DS qui sont communes à la tête & au lit, aussi bien qu'à la doële & au lit: par conséquent l'angle de la surface de la tête & du lit se trouvent en place, en abattant la pierre entre les deux.

Cependant pour ne rien laisser à désirer, nous ajouterons encore ici la maniere de trouver l'angle que font entr'elles ces deux surfaces, en les assemblant sur le côté commun BD, sur lequel on fera une perpendiculaire par un point M, pris à volonté, qui coupera la diagonale BC en L, & B*t* en K; ensuite du point B pour centre, & B*t* pour rayon, on décrira un arc indéfini vers *x*, & du point C pour centre, & CS pour rayon, un autre S*x* qui coupera le précédent en *x*, par où on tirera B*x*. Ensuite du point B pour centre & de l'intervalle BK, on tracera un arc qui coupera B*x* au point V, duquel pour centre, & pour rayon MK, on décrira un arc vers *q*, & du point L pour centre, & pour rayon LM, on en décrira un autre qui coupera le précédent en Z, l'angle LZV sera celui que l'on cherche pour former le biveau de *tête* & de *lit* demandé.

Fig. 213.

La démonstration est toujours la même dans le fonds que pour les pratiques précédentes, en ce qu'il s'agit toujours de réduire ce solide en pyramides triangulaires sur une base supposée à la tête en CBD, au lieu que dans la précédente, elle étoit en CDA pour une différente fin; & en tirant toujours des perpendiculaires à l'arête, dont on cherche l'angle des plans, qui est ici BD, au lieu que dans le cas précédent, c'étoit CS, & dans le premier la ligne CD.

De chacune de ces pyramides on n'avoit que deux côtés donnés, & l'on a cherché le troisieme qui ferme son contour. Or de ce troisieme côté, qui est comme les autres une surface triangulaire, on a les trois lignes des côtés données, puisqu'elles doivent être communes aux deux autres à l'intersection des trois plans; dans notre dernier exemple, on a le côté CB pour base du troisieme triangle, qu'on considere comme immobile; on a les deux autres côtés CL de la doële, & Bt diagonale du lit qui doit se joindre dans l'enveloppement à CS, c'est pourquoi prenant CB pour base, on a formé le triangle CxB, qui est le troisieme, supposé dans le solide, divisé en pyramide, lequel n'est d'aucun usage; mais par son moyen, on trouve le troisieme côté du triangle LZV, formé par la section d'un plan perpendiculaire aux deux premiers, passant par les lignes LM & KM perpendiculaires à la commune intersection BD.

C'est le même procédé qu'on a tenu dans les recherches des biveaux de tête & de doële plate, & de doële & de lit, comil est facile de l'appercevoir, pour peu d'attention qu'on y donne.

COROLLAIRE.

Pour montrer la généralité & l'étendue

DE STEREOTOMIE. 235

de ce problême à toutes sortes de panneaux de voussoirs de surfaces planes, dont on veut trouver les angles de leur inclinaison mutuelle, il n'y a qu'à considérer que toutes les surfaces rectilignes peuvent être réduites en triangles. Or quoiqu'un triangle de subdivision ne soit pas toute la surface d'un panneau, il est toujours évident qu'il en est une partie : par conséquent l'angle de cette partie, avec un autre plan, détermine l'angle total des deux plans qui se rencontrent ou se croisent. Voici encore une autre maniere plus facile, & qui suppose moins de données.

PROBLEME.

Deux angles rectilignes ASB, DSP *de plans perpendiculaires entr'eux qui ont leur sommet* S *commun, & un côté* SP, *qui est celui de leur intersection, trouver l'angle de deux autres plans inclinés entr'eux, appuyés sur les côtés* AS, DS, & BS, DS.

Soit la ligne PS l'intersection de deux plans triangulaires ASB, DSP, perpendiculaires entr'eux ; ce qu'on ne peut représenter ici (fig. 214) qu'en perspective, parce que le plan SDP est en l'air au dessus de l'autre ASB, auquel il ne tient que par sa ligne d'intersection SP. Ayant fait PE

Fig. 214.

perpendiculaire à PS, qui coupera SD prolongé en E, on fera EC perpendiculaire sur ES, qui coupera SP prolongé en C, par où on tirera FG perpendiculaire à SC : enfin ayant porté sur la même SC, prolongé la longueur CE en C*e*, & tiré de ce point les droites *e*F, *e*G aux interfections F & G de la ligne HG avec les lignes SA, SB prolongées, l'angle F*e*G, développement de celui qui est représenté dans la projection en FEG, sera celui que l'on cherche de la rencontre des deux plans, appuyés sur les trois côtés AS ou FS, SE ou SD, qui est le même, & SG ou SB. C. Q. F. F.

Fig. 214.

Démonstration. Par la construction, les triangles FC*e*, GCE sont égaux à ceux qui sont représentés en projection en FEC & GEC rectangles en C, quoique la projection les rende obliques, qu'ils soient en l'air & inclinés au plan ASB de toute la longueur PC, parce que GC est perpendiculaire aux deux, & même trois lignes CS, CE ou CD qui sont dans le même plan CES, & parce que par la même construction CE est perpendiculaire à ES ou DS prolongé, qui doit être l'intersection des deux plans FES, GES, le plan passant par FEG sera perpendiculaire à la même intersection, & aux deux autres : donc l'angle FEG ou son

DE STÉRÉOTOMIE. 237
égal F e G, est celui de l'inclinaison mutuelle des plans, appuyés sur les trois lignes données AS, DS, BS. C. Q. F. F.

COROLLAIRE.

De-là on tire la maniere de trouver l'angle d'un plan incliné avec un vertical, dont on a la projection sur un côté de l'angle horizontal, & la plus grande hauteur de l'incliné, ou l'angle de son intersection avec le vertical & le côté horizontal, parce que ce cas n'est que la moitié du précédent, ou pour mieux dire une partie ; ce qu'on expliquera ci-après par un exemple de pratique, après que nous aurons parlé de l'usage des angles d'intersection des plans inclinés ou verticaux avec les horizontaux.

De la situation des angles des plans à l'égard de l'horizon.

On sçait qu'en architecture toutes les opérations se réglent par le *niveau* & l'*àplomb* : ainsi il est nécessaire de faire attention à certaines conséquences qu'on tire de la situation d'un angle quelconque, dont les côtés étant prolongés, coupent une ligne de niveau, sçavoir, qu'il est égal à la somme, ou au supplément à deux

238 ÉLÉMENS

droits des angles que ses côtés prolongés font avec une ligne horizontale ou verticale.

Fig. 215. Par exemple, que si les côtés d'un angle ADK sont prolongés jusqu'à une ligne d'à-plomp VE ou VC, ou une de niveau FD, l'angle ADK est égal à la somme des angles ACK & DKC; ce qui est démontré dans les Elémens de Géométrie. Il en sera de même, si le côté KD est prolongé jusqu'à une ligne de niveau C*n*, le même angle sera le supplément à deux droits des angles DIC & DCI, par la même raison que l'angle extérieur ADI, son supplément à deux droits, est égal aux deux intérieurs opposés, DIC, DCI.

D'où il suit que l'angle que fait un joint de tête A*d*, avec une doële plate O*d*, est le supplément à deux droits des angles que la doële & le joint, prolongés au-delà de son sommet, font avec une ligne à plomb VT, & que le même angle A*d*O de doële & de joint de tête, est égal à la somme des deux angles *dn*C & *d*C*n*, que ses côtés prolongés font avec une ligne de niveau.

D'où il suit que l'angle d'une doële plate avec l'horizon, c'est-à-dire un *coup de niveau*, donne aussi celui de la même avec un *à-plomb*: car il n'y a qu'à lui ajouter l'angle droit, on aura l'angle obtus *dop*, qui est celui de la doële plate avec l'à-plomb, comme il est évident que l'angle *dop* est égal à son alterne *odu*; & par l'inverse, si l'on a l'angle de l'à-plomb avec la doële, on a aussi son supplément *od*T, auquel ajoutant l'angle droit, on a l'angle obtus *do*N, qui est celui de la doële avec l'horizon, ou, si l'on veut, pour un autre usage, son supplément à deux droits *dot*, qui est le complément de l'aigu *odt*.

Remarque sur l'usage.

Les angles des doëles avec les à-plombs ou les niveaux, facilitent beaucoup l'appareil : mais il ne faut pas confondre l'à-plomb avec un plan vertical; car l'horizon est immuable dans sa situation, en ce que les plans qui lui sont paralleles sont tous de niveau, & ont tous la même propriété; mais les plans verticaux, qui sont tous à-plomb, n'ont pas pour cela la même situation & propriété, en ce qu'ils peuvent être tournés d'une infinité de côtés de l'horizon, vers les quatre parties du monde, septentrion, midi, orient & occident; c'est pourquoi on ne peut en faire autant d'usage que des plans horizontaux, dont on répete toujours sûrement le profil par des lignes paralleles, plus hautes ou plus basses, qui sont toujours équivalentes, pour donner les inclinaisons des doëles plates, soit en surplomb, en angle aigu, soit en talud, en angle obtus.

Application du problême à la pratique du trait pour trouver les biveaux des surfaces planes des voussoirs en toutes sortes de cas.

Premiérement, il faut commencer par chercher la section des doëles plates avec l'horizon, que l'on peut toujours trouver, parce qu'elles lui sont inclinées dans toutes sortes de voûtes, & par-tout plus ou moins, excepté aux clefs des berceaux de niveau : car les clefs des inclinées en descente ou en montée étant prolongées, coupent toujours un plan horizontal plus ou moins loin, selon la hauteur à laquelle on veut supposer ce plan; ce qui ne change en rien l'angle d'inclinaison, puisque toutes les lignes de niveau sont paralleles entr'elles.

Si un berceau est de niveau, toutes les intersections des doëles plates avec l'horizon seront paralleles à ses impostes droites ou obliques sur leur face, soit en biais, soit en talud ; mais si les berceaux sont en montée ou en descente, il n'en sera plus de même, les intersections des doëles plates avec l'horizon seront inclinées à la direction de l'axe. Telles sont aussi celles des voûtes coniques & des sphériques faites sur le systême des coniques.

Mais

Mais on peut faire de fausses suppositions pour la commodité de l'exécution dans la position des plans horizontaux, lorsqu'un berceau est incliné en descente; on peut considérer que si on le mettoit de niveau par ses impostes, elles seroient alors dans un plan horizontal, sans qu'il en résultât d'autres changemens à ce berceau que celui de la dénomination de ses faces, dont celle d'entrée de descente, qui étoit à plomb, deviendroit, par ce changement, en *surplomb*, & celle d'entrée de montée, qui étoit aussi à plomb, deviendroit en *talud*; ce qui n'opere aucun changement intrinseque au cylindre; auquel cas toutes les sections des doëles plates prolongées seroient parallcles entr'elles & aux impostes; ce qui donne plus de facilité de trouver les biveaux, comme on va le voir ci-après.

PROBLEME.

Trouver les biveaux de toutes sortes de voûtes sans former le ceintre de l'arc droit. Premiérement pour les voûtes en berceau de niveau, où l'on demande les biveaux des lits avec les doëles.

Soit ABDE le plan horizontal d'un berceau biais, dont le ceintre de face est le demi-cercle AHB, & la ligne *p* N la

Fig. 116.

projection du joint de lit, passant par la division 7.3 des voussoirs. On prolongera la corde de l'arc 3.4, qui représente la doële plate du quatrieme voussoir, jusqu'à ce qu'elle rencontre le diametre horizontal AB, aussi prolongé en O, par où on menera OS parallele à PN; ensuite par le point P, projection du point 3, on tirera PR perpendiculaire à OS, qu'on prolongera aussi vers q, où elle coupera l'axe CM prolongé.

On prolongera encore Np de la longueur, de la hauteur, de la retombée P3, portée en Px: si l'on tire à ce point x les lignes qx & Rx, l'angle QxR sera celui de doële 4.3 avec le lit 3.7 que l'on cherche. La raison en est claire, si l'on releve par la pensée le plan qRx, qui est ici couché sur l'horizontal en situation verticale, qui lui sera perpendiculaire & au plan du lit passant par le joint de tête 3.7. C. Q. F. F.

Second Exemple

Pour les Berceaux droits sur la direction, & en descente ou montée.

Quoiqu'on puisse opérer sur ces berceaux comme s'ils étoient horizontaux, & comme nous venons de le dire, en faisant la fausse supposition que le plan horizontal passe par les impostes, nous ferons voir qu'on peut sans ce secours y appliquer le même principe de construction.

Soit CHKR le profil d'un berceau en descente droite, dont le quart de cercle A 2 H est la moitié de l'élévation du ceintre de son entrée, divisé en ses voussoirs 1.2.3, dont les joints de tête sont les lignes 1.7, 2.8, PS la projection du joint de lit qui passe par le point 2, qu'on suppose le supérieur d'un voussoir 7.1.2.8, dont on cherche le biveau de doële & de lit. On tirera l'horizontale 2F jusqu'au profil de tête HC qu'elle coupera en F, par où l'on menera FI parallele à la ligne de rampe CR, pour avoir la projection verticale de ce second joint de lit dans le profil CRKH de toute la voûte, lequel profil FI coupera l'horizontale AC prolongée au point x. Enfin on prolongera la corde 2.1 jusqu'en O, où elle coupera l'horizontal AC prolongée : on portera ensuite la longueur Cx sur la projection horizontale du même joint de lit en PS, & du point S on tirera au point O la ligne SO, qui sera la section de la doële plate 1.2 avec l'horizon OC passant par la naissance A du ceintre de face AH. On prendra ensuite la hauteur de la retombée 2P pour la porter sur la projection de la face CA, prolongée de

Fig. 217.

P en g, d'où l'on tirera une ligne en S, & sur S g, on fera une perpendiculaire g Q, par où on mènera la perpendiculaire indéfinie y Y, qui rencontrera SO en Y, & Hc en y. On portera encore la longueur g Q sur S Q prolongée en Q G, & des points Y & y, on tirera à ce point G les droites Y G & y G prolongé vers L : l'angle YGL fera celui que l'on cherche pour former le biveau de lit & de doële plate du second vouffoir 7. 1, 2. 8. *Ce qu'il falloit faire.*

La démonftration de cette opération & de l'exemple précédent, eft évidemment la même que la premiere de ce problême, avec cette différence, que nous prenions l'angle F e G, & qu'ici nous prenons fon fupplément à deux droits Y G L demandé.

Troisieme Exemple,

Pour les voûtes coniques réduites en pyramides par des doëles plates.

La conftruction précédente conduit tout naturellement à celle des biveaux des vouffoirs deftinés à former des voûtes coniques, en ce que leurs doëles plates inclinées à l'horizon, y donnent des lignes d'interjection qui concourent à l'axe ou à sa direction, comme aux berceaux en descente.

Soit ASB le plan horizontal d'une trompe droite entiere ou tronquée, par un *trompillon* d'une seule pierre qui en forme le fond ; dont le demi-cercle AHB, est le ceintre de face divisé en ses voussoirs 1. 2, 3. 4, &c. On demande l'angle que font entr'elles les surfaces d'une doële plate, comme 1. 2, avec celle du lit désigné par son joint de tête 1. 8. *Fig. 218.*

Ayant fait la projection horizontale de ce joint en PS, par le point P, donné sur le diametre du ceintre par l'àplomb 2, P. On tirera la corde 2. 1, de la doële plate, qu'on prolongera jusqu'à la rencontre du diametre BA, aussi prolongé en O, pour tirer par ce point, & le sommet ∫ du cône, la ligne OS qui sera la section du plan de la doële plate avec celui de l'horizon, passant par les impostes A & B.

On élevera ensuite au point P une perpendiculaire sur PS, égale à la hauteur 2P de P en PF, & l'on tirera la droite ∫F qui sera la valeur de la projection PS du joint de lit, à laquelle on fera une perpendiculaire FQ qui coupera ∫P prolongé en Q, par où l'on fera passer une ligne indéfinie Y perpendiculaire à QS, qui coupera d'un côté la section de l'horizon

Q iij

S*o* prolongée en Y, & l'axe du cône SC aussi prolongé en *y* : si l'on porte la longueur QF en QG sur SQ prolongée, & qu'on tire les lignes YG & *y*L par G, l'angle YGL, *sera celui qu'on cherche* pour former un biveau de lit & de doële.

Présentement, s'il s'agissoit de trouver le biveau de *doële & de tête*, qui est celui d'un plan incliné à l'horizon avec un vertical, on feroit usage de ce que nous avons dit au corollaire de ce problême, comme il suit.

La ligne S*o* de section de doële plate avec l'horizon, étant donnée, & la projection CB du plan vertical de la face sur ce même plan horizontal d'un point D, pris à volonté sur la tête de la doële plate 1.2, on lui menera une perpendiculaire qui coupera le diametre AB au point C, par où on tirera une perpendiculaire au diametre AB, qui se trouve, dans ce cas, à l'axe CS, mais qui ne seroit pas de même, si le ceintre étoit elliptique ; ce point seroit alors en deçà ou en delà de C, parce que les perpendiculaires à un arc elliptique entre les deux axes, ne passent pas par le centre, comme nous l'avons dit au second livre ; mais plus près ou plus loin, selon que l'arc est surbaissé ou surmonté, & que le point est donné plus près ou plus loin du grand ou du petit axe.

On portera enſuite CD en C*d* qui tombera en dedans de B, parce que CD eſt plus petit que le rayon de la fleche de l'arc que la doële plate ſoutient comme une corde ; ſi l'on tire *ſd*, l'angle obtus *ſd* B ſera celui que l'on cherche pour former le biveau de doële plate & de tête : comme il eſt clair par le corollaire de la démonſtration du premier cas de ce problême où l'on peut prendre le point *o* au lieu du point *ſ* de la premiere figure, & le point *d* pour le point G de la même. *Ce qu'il falloit faire.*

Il faut noter que ſi la voûte conique étoit rampante, c'eſt-à-dire que l'axe fût incliné à l'horizon, il faudroit en faire le profil comme du berceau en deſcente ; mais alors la ſection de la doële & de l'horizon *ſo* ne ſeroit plus une ligne droite, mais une parabole, hyperbole ou ellipſe.

Quatrieme exemple

Pour les ſphériques & ſphéroïdes.

Cet exemple n'a pas beſoin d'une figure particuliere, parce qu'il n'eſt qu'une application de la conſtruction du cas précédent, d'un cône complet à un cône tronqué.

Nous avons remarqué ci-devant, en parlant des développemens des surfaces sphériques & sphéroïdes, que, pour suppléer à l'impossibilité de les développer, c'est-à-dire les étendre en surfaces planes, comme l'on fait à l'égard des courbes cylindriques & coniques, on étoit réduit à diviser les spheres & sphéroïdes par tranches d'épaisseur prise à volonté, & d'inscrire dans chacune, une portion de cône tronqué : ainsi inscrivant aussi dans chacune une portion de pyramide d'autant de côtés qu'il a de voussoirs à faire, on retombera précisément dans le cas de l'exemple précédent, pour lequel nous avons trouvé les biveaux de lit & de doële plate, & de doële plate & de tête; ainsi il est inutile de le repéter.

Il faut seulement observer que nous ne parlons que des spheres & des sphéroïdes réguliers, c'est-à-dire qui sont formés par la révolution d'un demi-cercle, ou d'une demi-ellipse, tournant sur son grand ou son petit axe, mais non pas des *ellipsoïdes*, dans les tranches desquelles on ne peut pas inscrire des tranches de cônes, parce que celles-ci sont engendrées par la révolution d'un trapeze sur un de ses côtés, qui donne des circonférences circulaires, toujours équidistances de l'axe, mais les ellipsoïdes s'en approchent & s'en éloignent continuellement, suivant les contours des ellipses planes, qui sont les sections de ces corps perpendiculairement au même axe; on ne peut pas même les réduire en polyëdres de surfaces planes quadrilateres, parce que les quatre angles de ces sections ne sont pas dans un même plan; ce qui donne des surfaces qu'on appelle *gauches*.

CINQUIEME EXEMPLE

Pour trouver les angles que font entr'elles les doëles plates des berceaux de différentes directions qui se pénétrent.

Premier cas pour les angles rentrans des voûtes en *arcs de cloître*, & second cas des angles saillans des *voûtes d'arrête*.

Soit l'arc E A B H le ceintre d'enfourchement, dont E C est le demi-diametre, & les points A & B, ceux de la division d'un voussoir du second rang qu'on se propose de faire dans une voûte en arc de cloître, qui est le concours de deux berceaux qui se croisent suivant un arc E A H qui est l'elliptique, si chacun d'eux est en plein ceintre, ce qui est exprimé au dessous par le plan horizontal où l'angle G *e* F est celui de la rencontre des impostes, l'angle D *a* d qui lui est parallele, sera celui du lit de dessous du second voussoir qu'on se propose, & la diagonale *e h*, la projection de

Fig. 219.

l'arc d'enfourchement E A B H, qui eſt la même que le demi-diametre E C avec ſes diviſions de retombées P p, marquées, dans ce plan, en a C b.

Si l'on traçoit la figure d'un vouſſoir entier de cet enfourchement, ce ſeroit celle qu'on a ponctuée en partie a D i b l d; mais comme il ne s'agit que de l'inclinaiſon mutuelle de deux plans qui ſe rencontrent en angle ſaillant ou rentrant, il nous ſuffit de conſidérer ſeulement une partie de leur ſurface pour déterminer le tout, & pour rendre l'objet plus ſimple, nous ne conſidérerons que les deux triangles a D b & a d b, qui ſe coupent ſuivant la diagonale a b.

Ces deux ſurfaces triangulaires élevées vers le point h, au deſſus du plan horizontal, & conſidérées avec un troiſieme triangle qui eſt a D d, formeront une pyramide triangulaire couchée, dont le ſommet eſt en a, qui fournit le moyen de trouver les angles que les plans, qui forment cet angle ſolide, font entr'eux, en ſuivant les moyens que nous en avons fournis dans ce problême. Mais pour plus ample explication, nous allons appliquer ce principe général dans une ſituation différente de poſition, en ce qu'elle eſt renverſée des conſtructions précédentes.

DE STEREOTOMIE. 251

Par le sommet B de l'arrête supérieure du voussoir, on tirera l'horizontale 1 R, qui rencontrera la verticale passant par le point inférieur A ou point 1, d'où l'on tirera sur la corde AB de la doële plate, une perpendiculaire 1 U, dont on portera la longueur sur la projection *eh* de *b* en *q*, d'où tirant les lignes *qd* & *q*D, l'angle obtus qu'elles formeront D*qd*, sera celui du biveau que l'on cherche pour déterminer l'inclinaison mutuelle des deux doëles plates de l'enfourchement, soit que le point *q* soit à droite ou à gauche du point *b*, ce qui ne change rien à cet angle : s'il s'étoit agi du premier rang de voussoirs, dont le profil du ceintre d'enfourchement est l'arc E A, on auroit prolongé l'horizontale K A en N, jusqu'à la rencontre de la verticale E N, & tiré N V perpendiculaire sur la corde de cet arc E A : on auroit aussi porté cette longueur N V de *a* vers *e* en *n*, sur la projection horizontale *eh* de *a* en *n*, & tiré les lignes *no*, *nr*, l'angle *onr* seroit celui des doëles plates de rencontre du premier voussoir d'enfourchement.

On peut aussi tirer par un point *m*, pris à volonté, sur la corde E A, une perpendiculaire qui rencontreroit l'horizontale K N, prolongée en un point S ; mais alors il faudroit porter la longueur *ms* au plan l'arc d'enfourchement EABH, qui est la même que le demi-diametre EC avec ses divisions de retombées P*p*, marquées, dans ce plan, en *a*C*b*.

Si l'on traçoit la figure d'un vouſſoir entier de cet enfourchement, ce ſeroit celle qu'on a ponctuée en partie *a*D*ibld*; mais comme il ne s'agit que de l'inclinaiſon mutuelle de deux plans qui ſe rencontrent en angle ſaillant ou rentrant, il nous ſuffit de conſidérer ſeulement une partie de leur ſurface pour déterminer le tout, & pour rendre l'objet plus ſimple, nous ne conſidérerons que les deux triangles *a*D*b* & *a d b*, qui ſe coupent ſuivant la diagonale *a b*.

Ces deux ſurfaces triangulaires élevées vers le point *h*, au deſſus du plan horizontal, & conſidérées avec un troiſieme triangle qui eſt *a*D*d*, formeront une pyramide triangulaire couchée, dont le ſommet eſt en *a*, qui fournit le moyen de trouver les angles que les plans, qui forment cet angle ſolide, font entr'eux, en ſuivant les moyens que nous en avons fournis dans ce problême. Mais pour plus ample explication, nous allons appliquer ce principe général dans une ſituation différente de poſition, en ce qu'elle eſt renverſée des conſtructions précédentes.

Par le sommet B de l'arrête supérieure du voussoir, on tirera l'horizontale 1 R, qui rencontrera la verticale passant par le point inférieur A ou point 1, d'où l'on tirera sur la corde AB de la doële plate, une perpendiculaire 1 U, dont on portera la longueur sur la projection eh de b en q, d'où tirant les lignes qd & qD, l'angle obtus qu'elles formeront Dqd, sera celui du biveau que l'on cherche pour déterminer l'inclinaison mutuelle des deux doëles plates de l'enfourchement, soit que le point q soit à droite ou à gauche du point b, ce qui ne change rien à cet angle : s'il s'étoit agi du premier rang de voussoirs, dont le profil du ceintre d'enfourchement est l'arc EA, on auroit prolongé l'horizontale KA en N, jusqu'à la rencontre de la verticale EN, & tiré NV perpendiculaire sur la corde de cet arc EA : on auroit aussi porté cette longueur NV de a vers e en n, sur la projection horizontale eh de a en n, & tiré les lignes no, nr, l'angle onr seroit celui des doëles plates de rencontre du premier voussoir d'enfourchement.

On peut aussi tirer par un point m, pris à volonté, sur la corde EA, une perpendiculaire qui rencontreroit l'horizontale KN, prolongée en un point S; mais alors il faudroit porter la longueur ms au plan horizontal de *a* en S, & mener par ce point S, des paralleles aux lignes d'impofte *e* G, *e* F, & prolonger les lignes *or* de part & d'autre, jufqu'à leur rencontre en 1. 2, pour avoir la bafe de l'angle 1. *s* 2.

DEMONSTRATION.

Pour rendre raifon de ce changement de conftruction, il faut montrer qu'elle eft la même que la premiere de ce Problême, qui confifte à former une pyramide triangulaire de trois plans, dont il y en a deux des côtés qui font réels, & un troifieme imaginaire pour fournir le moyen de trouver les angles que font entr'eux ceux dont il s'agit.

On répétera la même projection horizontale qu'à la figure précédente, défignée avec quelques caracteres différens, pour ne pas confondre les lignes. Soit fig. 220 cette répétition de projection, on élevera au point B une ligne BT perpendiculaire fur A*y*, & égale à la hauteur BT du profil EAH de la précédente figure 220. On menera la ligne AT à laquelle on fera une perpendiculaire T*g* qui coupera A*y* au point *g*, par où on menera à la même A*y*, la perpendiculaire *fi*, qui coupera les projections des joints de lit prolongés A*d*, AD en *f* & *i*. On portera la longueur *g*T de g en y sur Ay, pour avoir le point y, duquel ayant tiré les droites yf & yi, on aura l'angle fyi qu'elles comprennent pour celui des doëles d'enfourchement, qui se rencontrent en angle obtus saillant pour les voûtes d'arêtes, & rentrans, pour les arcs de Cloître, lequel angle est égal à celui de la figure précédente Dqd.

Pour le démontrer il faut faire remarquer que le triangle ATB de la fig. 220 est égal à celui du profil ABt, parce qu'ils sont tous deux rectangles, & ont deux côtés égaux, sçavoir, AB de la seconde projection égal à At du profil, & BT de la fig. 220, égal à la hauteur de la retombée Bt du profil par la construction; & le triangle AIB étant égal à AtB, si l'on tire sur la diagonale AB une perpendiculaire par un des angles opposés I, ou t comme Iu & il, elles seront parfaitement égales entr'elles; donc le triangle AgT est semblable au triangle ABx, par conséquent xB & Tg sont proportionnelles aux lignes AB & Ag; mais gy est égal à gT par la construction; de même que Bq = Bx : donc dans les triangles AqD & Ayf, les lignes qd & yf sont parallèles, puisque ces deux triangles sont semblables, ayant deux côtés proportionnels & un angle comme en A; donc les deux

254 ELÉMENS

constructions donnent le même angle des plans A*fyi* & D*qd* ; ce qu'il falloit démontrer.

Sixieme Exemple

Pour trouver les biveaux des angles d'enfourchement de deux berceaux de différentes inclinaisons à l'égard de l'horizon, comme un de niveau, & l'autre en descente.

Fig. 221. Soit le parallélogramme ABDC la projection horizontale de deux doëles plates, qui se coupent suivant la diagonale AD, avec cette circonstance que les côtés ou impostes AC & AB ne sont pas dans le même plan horizontal, mais l'une de niveau A|C, & l'autre en descente AB, suivant un angle donné BAG, mis en profil au dessous de ce plan.

On élevera sur la projection de leur intersection AD la perpendiculaire DH égale à la hauteur de la retombée DH, qu'on suppose connue par le profil AHC de la ligne AC inclinée au dessus du plan horizontal, passant par AC, qui sera représenté par la ligne AH. Sur CD prolongé dans le plan horizontal passant par ACD, on portera la même hauteur DH en DN ; du même point D on menera une perpendiculaire sur AB qui la coupera en F, le profil de la descente A G au point G; on portera la hauteur F G sur l'horizontale A F en F g; ensuite par les points trouvés g & N, on tirera la droite g N qui coupera D F au point Z; la ligne menée du point A par Z, sera la section de la doële en descente avec l'horizon passant par A C, de sorte qu'au lieu de l'angle C A B qu'on auroit eu pour celui d'intersection des deux doëles avec l'horizon, on aura un angle plus resserré C A Z, sur lequel on construira le problême, comme si les berceaux étoient de niveau, ainsi qu'on vient de l'enseigner au cas de l'exemple précédent; ce qu'il est inutile de répéter.

Il est encore une autre maniere de trouver cette intersection A z y dans celui-ci. On portera la hauteur de la retombée D H perpendiculairement sur l'horizontale C D en D h, & l'on fera l'angle D h y égal au complément de celui de la descente B A G, ou, ce qui revient au même, en tirant h y, parallele à A G, jusqu'à ce qu'elle rencontre C D prolongée en y; la ligne A y sera la même section de la doële, dont l'imposte est inclinée à l'horizon en descente, au dessous du niveau de l'imposte A C; après quoi on opérera de même qu'au cas précédent, comme il suit:

Par le point H du profil de la ligne de

projection AD, on tirera la perpendiculaire HE sur AD prolongé, qu'elle coupera au point E, par où on tirera une perpendiculaire sur AE, qui coupera le côté AC prolongé en K d'un côté, & A*y* en *x* de l'autre; si l'on porte la longueur EH en EI sur AE prolongée, & qu'on tire des lignes de ce point I en K & en *x*, l'angle KI*x* sera celui de l'inclinaison mutuelle des doëles, dont on cherche l'ouverture pour former un biveau. Il est aisé d'appliquer cette construction à tout autre voussoir d'enfourchement qu'à celui-ci que nous avons supposé être le premier, en répétant pour chaque rang la même opération, faisant passer une horizontale par le lit inférieur qui est au bas de la diagonale de l'intersection des deux doëles, & prenant les hauteurs des retombées sur le profil de cette diagonale.

Démonstration.

Les lignes d'intersection des doëles plates étant une fois trouvées, & supposées bonnes, il n'y a aucune différence de la construction de ce cas, avec celle du premier du problême: ainsi il est inutile d'en répéter la démonstration.

Il n'y a donc ici d'extraordinaire à démontrer que la maniere de chercher la section

tion de la doële, dont l'imposte A B, qui est en descente avec le plan horizontal, qu'on suppose passer par l'imposte de l'autre berceau A C, qui est de niveau.

Puisque l'on suppose que la ligne AC de l'imposte du berceau de niveau est horizontale, & que A B ou A F est la projection aussi horizontale de l'imposte en descente, on peut considérer l'une & l'autre comme étant dans un même plan ; mais le point F, par la supposition, étant au dessus de l'imposte rampante A G, qui s'en écarte en descendant, sera éloigné d'une hauteur qu'il faut chercher par le profil dans un plan vertical passant par A F. Soit ce profil l'angle donné de descente F A G, exprimé par un autre profil à part F D h G, la hauteur F G, déterminée par la perpendiculaire DG de la 1re fig. sera celle de l'à-plomb de distance au dessous du point F, sous lequel est le point G qui en est séparé à la première figure, parce que l'angle de descente est ici en profil & joint au plan qui est un genre de représentation différent de celui de la projection horizontale.

Or si l'on porte cette hauteur FG verticale sur l'horizontale A F en F g, & qu'on porte la hauteur H D, qui est au contraire au dessus du plan horizontal de la projection en D N parallele à gP;

Tome II. R

la ligne gN, couchée de niveau, repréfentera celle qui feroit inclinée dans un plan vertical, paffant par F D au deffous de l'horizon par G, & au deffus par H, comme on voit au profil de la deuxieme figure G H paffant par z : donc elle coupera le plan horizontal, paffant par A D au point z dans le rapport des diftances horizontales z F & Z D, & les hauteurs verticales F G ou fon égale F g fous l'horizon, & D H ou fon égale D N au deffus de l'horizon; ce que l'on concevra plus facilement, fi l'on imagine le fyftême horizontal g F z, D N Z, tourner fur D F comme au tour d'un axe, jufqu'à ce que les lignes F g & D N prennent une fituation verticale, comme on le voit au profilfé paré g F, h D, dont la ligne A Z y eft une horizontale, traverfant le plan incliné de la defcente de la doële plate d'un rang de vouffoirs du berceau en montée ou defcente, qui fe joint à l'horizontal A C D. *Ce qu'il falloit faire.*

On peut obferver que, pour former les biveaux de tous les angles rectilignes, il n'eft pas néceffaire que le trait de l'épure foit fait dans toute fa grandeur naturelle; il fuffit que les lignes qui fervent à trouver ces angles, foient entr'elles en même proportion, plus petites, comme à moitié, au tiers ou au quart de l'ouvrage à faire, parce que c'est la seule ouverture de deux lignes, qui forme un angle rectiligne, les longueurs des bras n'y changent rien, comme l'on sçait par les Elémens de Géométrie; tous les angles de même ouverture sont égaux, quoique leurs côtés soient de longueurs inégales.

Il n'en est pas de même des biveaux à former sur des angles curvilignes ou mixtes, à même ouverture: ils sont semblables, mais non pas égaux, comme les rectilignes; ce que l'on apperçoit évidemment.

Il me semble que nous n'avons rien laissé à désirer sur les différentes manieres les plus aisées à trouver les angles des plans, dont on doit former les biveaux d'appareil nécessaires pour abattre la pierre, de façon que les paremens, les lits & les têtes soient inclinés entr'eux, comme il convient à la solidité & à la régularité de la partie que chaque voussoir occupe dans le corps d'une voûte quelconque.

Quant aux angles curvilignes, comme sont ceux des enfourchemens de deux doëles, il faut en préparer les surfaces par des doëles plates, réglées sur les cordes des arcs dont elles sont les soutendantes, & les largeurs de ces doëles.

Les angles mixtes, qui font les plus ordinaires pour assembler les surfaces planes des lits ou des têtes, dans les voûtes en berceau, & sphériques, se forment souvent sans préparation de doële plate, parce qu'il suffit que la branche droite du biveau mixte soit appuyée sur le lit ou la tête, ou le lit en joint, & dirigé perpendiculairement à la ligne qui est tracée pour l'arête de rencontre de la surface droite avec la courbe; ce qu'on apperçoit de soi-même, quand on a vu couper un peu de trait, c'est-à-dire exécuter en petit ou en grand, sur la pierre ou sur le bois.

Je ne pousserai pas plus loin les Elémens de notre Stéréotomie, qui n'a pour but que l'Architecture des voûtes, ou des formations de quelques parties d'édifices de figures singulieres, souvent nécessaires pour corriger l'irrégularité des lieux, ou par l'imagination d'un Architecte, qui veut donner du nouveau dans sa composition. Je crois en avoir assez clairement exposé les principes de théorie & de pratique, pour mettre un Curieux ou un Artiste, en état de les connoître & d'en faire l'application, pour exécuter tout ce qui peut se presenter.

Fin du second & dernier Volume.

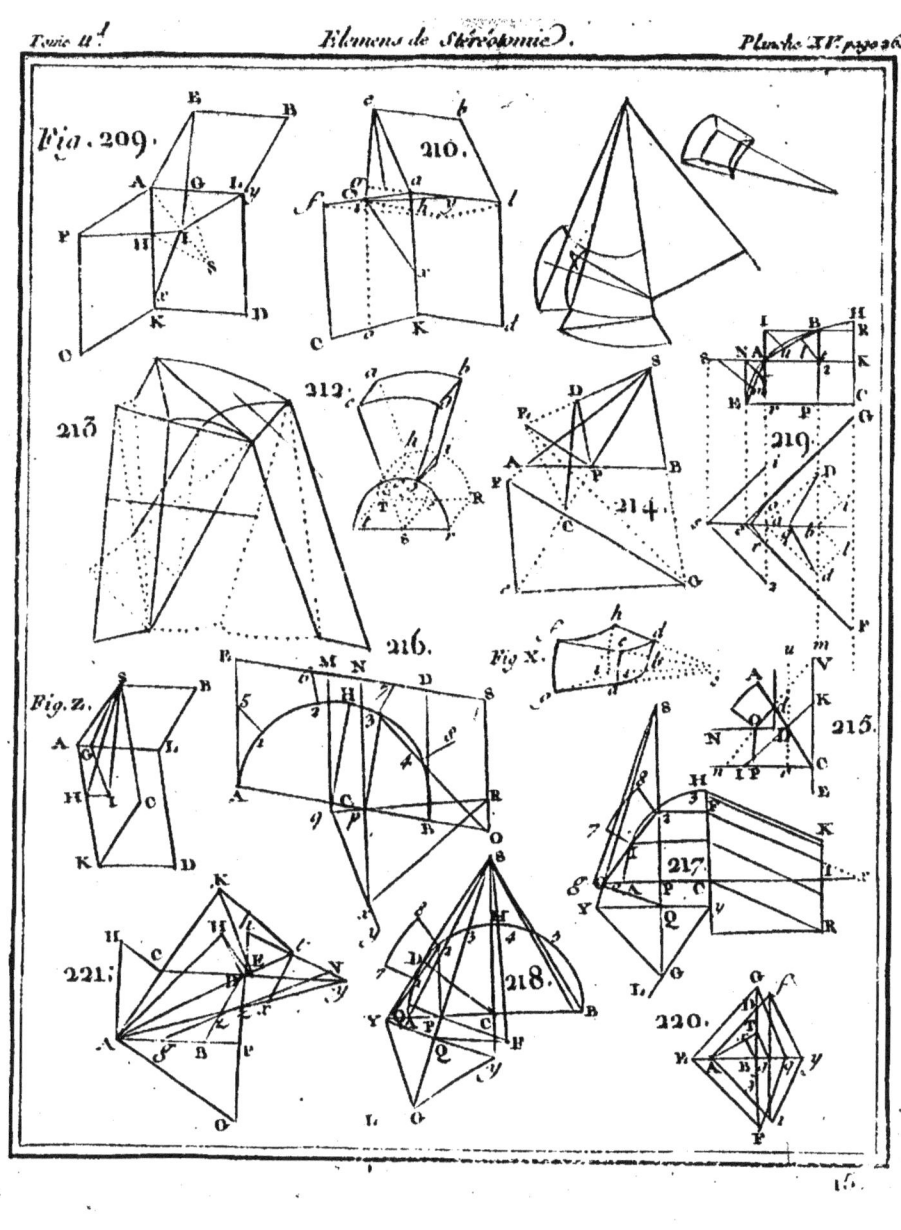

CATALOGUE des Livres d'Architecture qui se trouvent chez Charles-Antoine JOMBERT, rue Dauphine, à l'Image Notre-Dame, à Paris.

Architecture Françoise, ou Description des Maisons Royales & des plus beaux Edifices de Paris, avec des Dissertations historiques & critiques sur chacun de ces monumens. Par M. Blondel, de l'Académie d'Architecture, *in-fol.* grand papier, enrichie d'un très-grand nombre de planches.

Architecture moderne, ou l'art de bien bâtir pour toutes sortes de personnes; où il est traité de la construction, de la distribution, des devis, du toisé, & des us & coutumes: en deux volumes *in-4°.* grand papier, enrichis de près de 150 planches, 33 liv.

Suite du même Ouvrage. De la décoration extérieure & intérieure des Edifices modernes, & de la distribution des maisons de plaisance. Par M. J. Fr. Blondel, Architecte du Roi. 2 vol. *in-4°.* gr. pap. avec plus de 150 planches, 42 liv.

Discours sur la nécessité de l'étude de l'Architecture & sur sa prééminence sur les autres Arts; par le même, *in-12.* 1754. broché, 1 liv. 4 f.

Cours d'Architecture, qui comprend les Ordres de Vignole, avec un commentaire, & des instructions & préceptes sur ce qui regarde l'art de bâtir. Nouvelle édition enrichie de quantité d'exemples & de desseins de toutes les parties de l'Architecture. Par le sieur d'Aviler, *in-4°.* grand papier, avec plus de 100 planches, 24 liv.

Suite. Dictionnaire d'Architecture Civile & Hydraulique, où l'on explique les termes de l'art de bâtir & de ses différentes parties, comme la décoration extérieure & intérieure des Edifices, le Jardinage, la Menuiserie, la Charpenterie, la Serrurerie, la Construction des Ecluses & des Canaux, &c. par Augustin-Charles d'Aviler. Nouv. édit. considérablement augmentée, *in-quarto*, grand papier. 15 liv.

Regle des cinq Ordres d'Architecture. Par Jacques Barrozzio de Vignole. Brochure *in-fol.* en 30 planches, 3 liv.

Le même ouvrage *in-12.* relié en parchemin, 1 liv. 16 f.

Abrégé du Parallele de l'Architecture antique avec la moderne, suivant les dix principaux Auteurs qui ont écrit sur les

Tome II. S

cinq Ordres. Par M. de Chambray. Avec le discours gravé ; augmenté des piédestaux pour chaque Ordre. *In-fol.* en 100 planches, 12 liv.

Maniere de dessiner les cinq Ordres d'Architecture & les parties qui en dépendent, suivant l'antique. Par Abr. Bosse, *in fol.* en plus de 100 planches, 18 liv.

Œuvres d'Architecture d'Antoine le Pautre, Architecte du Roi, contenant la description de plusieurs Châteaux, Eglises, Portes de Ville, Fontaines, &c. de l'invention de l'Auteur, *in-fol.* avec 60 planches, 18 liv.

La Théorie & la pratique de la coupe des pierres & des bois. Par M. Frezier, Ingénieur en chef à Landau. En trois volumes *in-4°.* avec 120 planches. 40 liv.

Elémens de Stéréotomie ; à l'usage de l'Architecture, ou Abrégé de la théorie & de la pratique de la coupe des pierres. Par le même Auteur, en deux volumes *in-8°.* avec figures, 12 liv.

La Théorie & la pratique du Jardinage, où l'on traite à fond des Jardins de plaisance & de propreté, avec un Traité d'hydraulique convenable aux Jardins. Quatrieme édition augmentée, avec quantité de planches, *in-4°.* 1747, 15 liv.

Traité physique de la culture & de la plantation des arbres ; avec la maniere de les exploiter, de les débiter & de les échantillonner suivant les différens usages auxquels ils sont propres. Par M. Roux, *in-12.* 1750, 2 liv. 10 s.

Traité de Charpenterie & des bois de toutes especes ; avec un tarif général des bois de toutes sortes de longueurs & grosseurs, dans un goût nouveau, & un Dictionnaire des termes de charpenterie. Par M. Mesange. En deux volumes *in-8°.* avec figures, 1753. 12 liv.

L'art de la Charpenterie de Mathurin Jousse. Nouvelle édition, corrigée & augmentée de ce qu'il y a de plus curieux dans cet art, & des machines nécessaires à un Charpentier. Par M. de la Hire, *in-fol.* Nouvelle édition, 1751. 12 liv.

Détails des Ouvrages de Menuiserie pour les bâtimens, où l'on trouve les différens prix de chaque espece d'ouvrages, avec les tarifs nécessaires pour le calcul de leur toisé. Par M. Potain, *in-8°.* 1749, 6 liv.

Nouveau Tarif du toisé de la maçonnerie, tant superficiel que solide, où l'on trouve les calculs tout faits sans mettre la main à la plume ; avec le toisé des bâtimens, suivant la coutume de Paris, & le toisé du bout-avant. Par M. Mesange, *in-8°.* 1746, 7 liv.

La Méchanique du feu, ou Traité de la construction de nouvelles cheminées, qui échauffent davantage & sont moins sujettes à la fumée. Par M. Gauger, *in-12.* avec figures. Nouvelle édition. 1749, 3 liv.

Œuvres d'Architecture de Jean Marot, appellé le *Grand Marot*, contenant les plans, élévations, coupes & vues perspectives des plus beaux édifices de son tems, *in-fol.* 48 l.

Les délices de Paris & de ses environs, ou Recueil de Vues perspectives des anciens monumens de Paris, & des Maisons de plaisance situées aux environs de cette ville ; en plus de 200 planches dessinées & gravées par Perelle, *in-fol.* grand papier, 50 liv.

Les délices de Versailles, des Maisons royales & des Châteaux les plus considérables de France, en près de 200 planches dessinées & gravées par Perelle, *in-fol.* grand papier. *Sous presse*,

Œuvres d'Architecture de Jean le Pautre, contenant des desseins d'ornemens de toute espece, & divers exemples des différentes parties de l'Architecture qui sont susceptibles de décoration. En trois volumes *in-fol.* petit format, contenant près de 780 planches, 80 liv.

Plans, Elévations & Profils du Temple & des Palais de Salomon. Par M. Mallet, Consul à Smyrne ; en 22 planches, avec des figures de Seb. le Clerc, 6 liv.

L'Architecture de Palladio, 2 vol. *in-fol.* 72 liv.

Ouvrages de M. Belidor, *Colonel d'Infanterie, des Académies des Sciences de France, d'Angleterre & de Prusse, &c.*

Nouveau Cours de Mathématique à l'usage de l'Artillerie & du Génie, où l'on applique les parties les plus utiles de cette Science à la théorie & à la pratique des différens sujets qui peuvent avoir rapport à la guerre, *in-4º.* nouvelle édition corrigée & augmentée considérablement, avec 34 planches, 1757. 15 liv.

Le même Ouvrage en grand papier. 24 liv.

Le Bombardier François, ou nouvelle Méthode pour jetter les bombes avec précision ; avec un Traité des Feux d'artifice, *in-4º.* Paris de l'Imprimerie Royale. 15 liv.

Abrégé du même ouvrage en un vol. *in-12.*

La Science des Ingénieurs dans la conduite des travaux de fortification & d'architecture civile, *in-4º.* gr. pap. 24 liv.

Architecture Hydraulique. *Premiere Partie.* Qui contient l'art de conduire, d'élever & de ménager les eaux pour les différens besoins de la vie. En deux volumes *in-4°*. grand papier, avec 100 planches, 40 liv.

Architecture Hydraulique. *Seconde Partie.* Qui comprend l'art de diriger les eaux de la mer & des rivieres à l'avantage de la défense des places, du commerce & de l'agriculture. En deux volumes *in-4°*. grand papier, enrichis de 120 planches, 50 liv.

Dictionnaire portatif de l'Ingénieur, où l'on explique les principaux termes des sciences les plus nécessaires à un homme de guerre, *in-8°*. 1756. 3 liv. 12 s.

Ouvrages de M. LE BLOND, *Maître de Mathématique des Enfans de France, & Professeur de Mathématique des Pages du Roi.*

Abrégé de l'Arithmétique & de la Géométrie de l'Officier, contenant les quatre premieres opérations de l'Arithmétique, les Regles de trois & de compagnie; les principes de la Géométrie, nécessaires pour les Fortifications, & pour lever des Cartes & des Plans; le Toisé des surfaces & des solides, &c. *in-12*. avec figures. Nouvelle édition, 1758. 3 liv.

Elémens de Fortification, à l'usage des jeunes Militaires, contenant les principes & la description raisonnée des différens Ouvrages qu'on employe à la fortification des Places; les systême des principaux Ingénieurs; la Fortification irréguliere, &c. *in-12*. avec beaucoup de figures. Quatrieme édition, 1756. 3 liv. 10 s.

L'Arithmétique & la Géométrie de l'Officier, contenant la théorie & la pratique de ces deux sciences appliquées aux emplois de l'homme de guerre. En deux volumes, *in-8°*. enrichis de 45 planches, 1748. 12 liv.

Suite du même Ouvrage. Essai sur la Castramétation, ou sur la maniere de former, de tracer & de mesurer un camp, *in-8°*. avec figures, 1748. 6 liv.

Elémens de la Guerre des Sieges; où il est traité de l'artillerie, de l'attaque & de la défense des Places; avec un Dictionnaire des termes les plus usités dans la guerre des sieges. En 3 vol. *in-8°*. enrichis de plus de 30 planches, nouv. édit.

Elémens de Tactique, où l'on traite de l'arrangement & de la formation des troupes, des évolutions de l'Infanterie & de la Cavalerie, des principaux ordres de bataille, de la marche des armées, & de la castramétation, *in-4°*. avec figures, 1758. 15 liv.

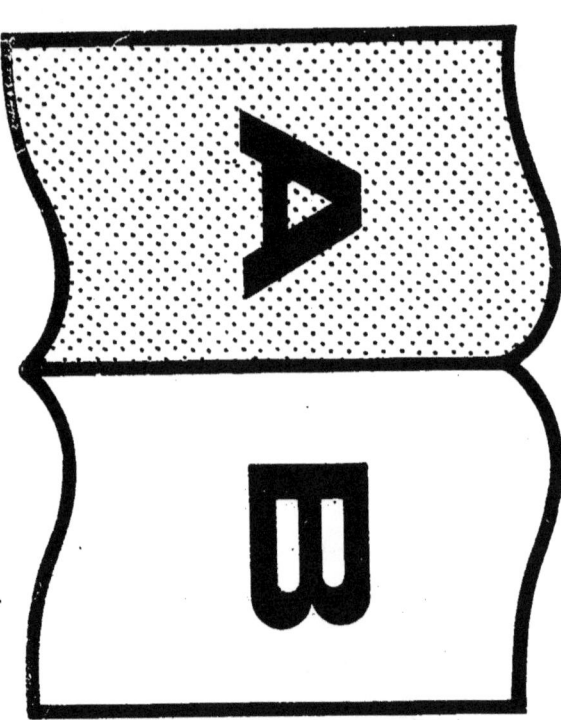

Contraste insuffisant
NF Z 43-120-14

Texte détérioré — reliure défectueuse

NF Z 43-120-11

www.ingramcontent.com/pod-product-compliance
Lightning Source LLC
Chambersburg PA
CBHW070742170426
43200CB00007B/622